戦略的6次産業と「道の駅」

山本　久義 〔著〕
Hisayoshi Yamamoto

泉文堂

序

　周知のように，わが国の農業・漁業および農山漁村地域は，農家・漁家の低所得，若者の農業・漁業離れ，後継者不足，高齢化といった負の影響を受け，低迷・衰退，耕作放棄地の増加，廃業，そして集落の過疎化といった諸問題に直面している。その影響を受け，わが国の食料自給率は現在39％と，由々しき事態に直面しているのである。このような社会問題は早急かつ抜本的に解決されなければならない。

　しかも農業・漁業および農山漁村地域は，単に食料生産という経済機能のみならず，炭酸ガスの吸収，クリーンな水や酸素の供給，洪水や土石流の防止，特に都市住民に対して健全なレクリエーションの場の提供，国土の保全など，経済外機能（いわゆる多面的機能）をも果している。したがって農業・漁業および農山漁村地域は保全されなければならないのである。

　これらの課題を解決する有効な方法は，まず農家・漁家の所得水準，就業意欲，そして生き甲斐の高揚を図ることである。

　戦略的6次産業は，まさにそのような社会的問題の解決をミッションとする産業モデルで，6次産業の概念に千客万来の実践科学であるところのマーケティング戦略の概念と手法を織り込んだものである。実は「道の駅」は，国道や主要県道を利用する「ドライバーの快適運転」と「地域振興」を目的とし，そのために必要な要件を満たすものとして国土交通省が認定した施設である。通常それは，国土交通省と地方自治体（市町村）が連携して設立されるものである。「道の駅」がその本来の機能を有効に発揮するためには，それがこの「戦略的6次産業」の概念と手法に基づいて展開することが必要である。

　本書は，戦略的6次産業の概念を明らかにしたうえで，「道の駅」がより有効にその機能を発揮するためのマーケティング戦略のあり方について，平易に解説することを目的とするものである。

　したがって本書は次のような構成になっている。

まずはじめに,「戦略的6次産業」が単なる6次産業ではなく,マーケティング戦略の実践理論を織り込んだものであることから,マーケティングの意義と特徴を明らかにし,それを内包するマーケティング戦略の概念と特徴について解説した。次に戦略的6次産業とは何かを明らかにした上で,「道の駅」の概念と特徴について考察を加えた。さらにその経営の現状について福岡県の「道の駅」を対象に実態調査を行い,そこから「道の駅」の繁栄の秘訣を抽出した。

　最後に以上の議論の結果として,「道の駅」が「戦略的6次産業」として展開すべき「マーケティング戦略のあり方」について解説した。

　道の駅は現在,一般市民の間で大好評となり,マスコミの報道も急激に増加している。その数は2015年4月現在,九州・沖縄地域で129駅,全国で1059駅に達する。さらに各地でその新設が続き,まさに大盛況の様相である。

　しかしながら全国的にみて,その経営がうまくいっていないところがかなり存在しているようである。本書が,「道の駅」や「直売所」の運営責任者はもちろん,国土交通省,地方自治体,ならびに地域振興に関する研究者にとって,何らかの参考になれば幸いである。

　最後に本書の出版に際し多大なご尽力を頂いた,株式会社泉文堂の代表取締役社長・大坪克行氏と,取締役編集長・佐藤光彦氏に厚く御礼申し上げる次第である。

平成27年7月25日

山本　久義

目　次

序

第1章　マーケティング戦略の概念と構造特性 …………1

はじめに ……………………………………………………………… 1

① マーケティングの概要 ……………………………………… 1
　1　マーケティングの本質 ……………………………………… 1
　2　マーケティングの特徴 ……………………………………… 2
　3　マーケティングの精神 ……………………………………… 4

② マーケティング・ミックス ………………………………… 5
　1　通常のマーケティング・ミックス（製造業対象）………… 5
　2　小売マーケティング・ミックス …………………………… 7
　3　サービス業のマーケティング・ミックス ………………… 9

③ マーケティング戦略の概念 ………………………………… 9
　1　マーティング戦略とは …………………………………… 10
　2　マーケティング戦略の体系 ……………………………… 10

④ マーケティング戦略の主要構成要素とその特徴 ……… 13
　1　経営理念と経営方針 ……………………………………… 14
　2　マーケティング・リサーチとSWOT分析 ……………… 17
　3　競争戦略 …………………………………………………… 18
　4　成長戦略 …………………………………………………… 20

⑤ マーケティング戦略とビジネス組織の類型化 ………… 26
　1　マーケティング戦略と営利組織の4類型 ……………… 27
　2　ソーシャル・マーケティング戦略とソーシャル・カンパニー
　　 の4類型 …………………………………………………… 30

1

おわりに……………………………………………………………… 33
　　コラム　「感動」と「マーケティング」の関係・35

第2章　戦略的6次産業の概念と特徴 …………………… 37

　はじめに……………………………………………………………… 37
　❶　**戦略的6次産業の概念** ………………………………………… 38
　　1　戦略的6次産業とは ………………………………………… 38
　　2　戦略的6次産業の概要 ……………………………………… 38
　❷　**戦略的6次産業のマクロ的・構造的特徴** …………………… 40
　　1　第3次産業の経営体をリーダー企業としソーシャル・
　　　　マーケティング戦略の展開 ………………………………… 41
　　2　農水産物直売事業とサービス事業の複合体の形成 ……… 42
　　3　リーダー企業を核とする垂直的マーケティング・システム …… 43
　　4　ハーシュマンの「不均整成長論」を援用した動態的捉え方 …… 45
　　5　特定の市町村単位（行政単位）で設立される ……………… 46
　　6　CVS等の併設によるミニ・ショッピング・センター化 ……… 46
　　7　自然環境の保全とサステイテイナビリティに貢献すること …… 47
　　8　帰農・移住・定住・担い手承継などに対する支援体制の整備 …… 49
　　9　情報相談窓口の設置 ………………………………………… 51
　❸　**戦略的6次産業のミクロ的特徴** ……………………………… 52
　　1　製造業・小売業・サービス業のマーケティング戦略を一体
　　　　的に展開 ……………………………………………………… 52
　　2　競争戦略の展開 ……………………………………………… 53
　　3　成長戦略の展開 ……………………………………………… 54
　　4　ターゲット都市の設定 ……………………………………… 56
　　5　信頼される商品作りに努め，地元客も大切にする ……… 57

6 ターゲット都市とリレーションシップ・マーケティングの展開 ································ 58
  7 多様なチャネル政策の展開 ································ 59
  8 行政や団体による公的支援策の積極的活用 ················ 61
  9 行政との連携によるさらなる観光開発 ···················· 62
  10 従業員のダイバーシティ化と地元住民の優先採用 ········ 63
 おわりに ··· 64
 コラム　感動的おもてなしの事例・66

第3章 「道の駅」の概念とその経営特性および経済効果 ··············· 69

 はじめに ··· 69
 ① 「道の駅」の概念と設立・運営に関する特徴 ············· 69
  1 「道の駅」の意義と機能 ································· 69
  2 「道の駅」の設立と構造に関する特性 ···················· 71
 ② 「道の駅」の経営に関する特徴 ···························· 75
  1 直売事業とサービス事業の同時展開 ······················ 75
  2 MIS（マーケティング情報システム）の導入・活用 ········ 76
  3 ソーシャル・ビジネスを理念とし，マネジリアル・マーケティングも実践 ································ 78
  4 地域特産品の「道の駅」間での相互交流 ················· 78
  5 市町村と「道の駅」間における連携組織の設立・活用 ····· 79
 ③ 「道の駅」が地域経済にもたらすベネフィット ············· 82
  1 農家・漁家の所得の大幅向上 ····························· 83
  2 地域経済の高揚 ·· 84
  3 農山漁村地域における賑いの創出 ························ 85
  4 農家・漁家の活力の高揚 ································· 85

5　利益の額 ……………………………………………………… 87
　おわりに ……………………………………………………………… 88
　　コラム　優れた「道の駅」の収益構造・90

第4章　福岡県における「道の駅」の経営実態と繁栄の秘訣 ……… 93

　はじめに ……………………………………………………………… 93
　◆1　ABCグループへの類別と企業形態に関するグループ間の相違 … 93
　　1　売上高の分布とABCグループへの類別 ………………… 93
　　2　「道の駅」運営会社の企業形態に関するABC比較 ……… 94
　◆2　ABC間での事業規模と売上高の関係および経営効率の比較 … 96
　　1　事業規模と売上高の関係に関するABC比較 …………… 96
　　2　ABC間における経営効率の相違 ………………………… 98
　◆3　マーケティング戦略に関するABC間の相違 ……………… 99
　　1　標的市場の設定と実質経営者の小売ノウハウに関するABC比較 … 99
　　2　「品揃え」および「売れる商品作り」等に関するABC比較 …… 100
　　3　価格政策 ……………………………………………… 101
　　4　プロモーション ……………………………………… 102
　　5　チャネル政策 ………………………………………… 103
　　6　今後補強すべきマーケティング戦略 ……………… 103
　◆4　事業成果に関するABC比較 ………………………………… 105
　　1　「売上高」，「客数」，「農家・漁家の売上高と活気」，および「当期利益」 …… 105
　　2　「客数」と「客単価」の売上高に与える影響度 ………… 106

目　次

⑤ 「剰余金関連」および「指定管理者制度」に関するABC比較 ………………………………………………… 108
　1　剰余金の使途と蓄積状況 …………………………… 108
　2　指定管理制度に対する駅長・支配人等の考え ……… 109
おわりに ……………………………………………………… 112

第5章　「道の駅型マーケティング戦略」のあり方 …… 113

はじめに ……………………………………………………… 113
① 「道の駅型マーケティング戦略」の概要 ……………… 113
　1　「道の駅型マーケティング戦略」とは …………… 113
　2　「道の駅型マーケティング戦略」の展開の概要 …… 114
② 「道の駅型マーケティング戦略」の具体的展開手法 … 114
　1　「運営会社」の設立 ………………………………… 115
　2　経営理念と経営方針 ………………………………… 117
③ 戦略ビジョンの設定 …………………………………… 123
　1　マーケティング・リサーチとSWOT分析 ………… 123
　2　競争戦略 ……………………………………………… 125
　3　成長戦略 ……………………………………………… 127
④ 経営基盤の充実・強化 ………………………………… 131
　1　立地条件 ……………………………………………… 131
　2　経営管理者 …………………………………………… 132
　3　人　　材 ……………………………………………… 132
　4　組織体制 ……………………………………………… 133
　5　財務基盤 ……………………………………………… 134
　6　販売体制 ……………………………………………… 135
　7　サービス事業体制 …………………………………… 136
　8　生産体制 ……………………………………………… 137

  9　情報システム …………………………………………… 138
  10　技術力・研究開発力 …………………………………… 138
  11　道の駅の必須公共施設の高度活用とそのメンテナンス体制 …… 139
  12　付帯施設（市町村担当分）とそのメンテナンス体制 ……… 140
  13　関連する機関や住民との協力関係 …………………… 140

◆5　道の駅型マーケティング戦略と運営会社の4類型 ……… 141
  1　「マル・道の駅型マーケティング戦略」と，
   マル・ソーシャル・カンパニー ……………………… 141
  2　「グッド・道の駅型マーケティング戦略」と，
   グッド・ソーシャル・カンパニー …………………… 142
  3　「エクセレント・道の駅型マーケティング戦略」と，
   エクセレント・ソーシャル・カンパニー …………… 143
  4　「アドマイアード・道の駅型マーケティング戦略」と，
   アドマイアード・ソーシャル・カンパニー ………… 143
 おわりに ……………………………………………………… 144

結　び ……………………………………………………………… 145

◆1　防災拠点としての「道の駅」 ………………………………… 146
◆2　「道の駅」を核とする地方創生 ……………………………… 147
◆3　重点「道の駅」制度の創設 …………………………………… 148
◆4　ユニークで興味深い「道の駅」 ……………………………… 149
  1　おおとう桜街道 ………………………………………… 150
  2　道の駅「いとだ」と道の駅「香春」 ………………… 151
◆5　「道の駅」の新しい魅力と動き ……………………………… 153

参考文献 …………………………………………………… 157

索　引 ……………………………………………………… 163

第1章

マーケティング戦略の概念と構造特性

マーケティング戦略とは,一言でいえば「千客万来」の戦略である。それは大企業においても,中小企業においても展開できるものである。ただしその展開手法は大企業と中小企業とで異なる。

本書の主旨である「戦略的6次産業」や「道の駅」の運営会社は,そのほとんどが中小規模のビジネス組織であることから,本書では極力,中小企業の見地に立った「マーケティング戦略」について論じることにする。

中小企業のなかには,優れた競争力を発揮して当該市場で大きなシェアを確保し,なお成長し続けている企業,すなわちバイタル・スモールがある。本節では,そのような「バイタル・スモール」に見られるマーケティング戦略の展開手法について,できるだけ平易に解説することにする。

論を進めるに当たり,まずマーケティングの概念の特徴について解説することにする。

1 マーケティングの概要

1 マーケティングの本質

マーケティングの概念については,アメリカ・マーケティング協会(AMA)や,日本マーケティング協会(JMA)をはじめ,他の内外の機関や研究者が,諸種の観点からさまざまな定義付けを行い,マーケティングの実践主体につい

ても，例えば営利企業に固有のものか，行政も実践するものか等，諸種の議論がある。

この点に関する議論は本書の目的ではないので，その考察は拙著（2013）『マーケティング論再考』（泉文堂），および他の多くの優れた文献に委ねることにする。

本書では，諸種の定義を吟味したうえで，中小企業診断士として企業を指導し，その実態をみてきた経験を加味し，単刀直入にその本質を次のように定義付ける。

「ビジネス組織が，CSRを果しながら経営目的を達成するために，有形・無形の財を，売れて長期利潤が得られる条件作りをして売ること」である。

2 マーケティングの特徴

この定義に基づくマーケティング概念の特徴は，以下のとおりである。

(1) ビジネス組織を実践主体とする

マーケティングは「ビジネス組織」，すなわち「営利を伴う事業体」によって企画・実践されるものである。マーケティングの実践主体として行政機関を含むという見解があるが，本書ではあくまでもその実践主体は「ビジネス組織」であるという見解をとるものである。その理由は，マーケティングは利潤を伴う販売活動を展開するものである。「利潤を伴う販売活動」は，「営利活動」すなわち「ビジネス」とも呼ばれる。しかるに行政サービスには，この「ビジネス機能」は見られないからである。

(2) 企業の社会的責任（CSR）を果たすこと

企業の社会的責任とは，単に「企業に関わる法律や倫理を遵守することである」と理解されているようであるが，実際にはそれよりもっと広い概念である。すなわちそれは「利害関係集団を満足させることであり，とりわけ従業員と顧客に感動的満足を提供することである」と，理解されるべきなのである。企業

は利害関係集団（株主，債権者，顧客，従業員，生活者，仕入先，国・地方公共団体等）との適切な互恵関係があってこそ，製品・サービスが売れて長期利潤が得られ，その存続・発展が可能となるからである。

(3) 経営目的の相違による２類型のビジネス組織とマーケティング

経営目的には次の２種類がある。１つは「営利の追求」で，もう１つは「ミッションの達成」である。ミッションとは社会問題を解決することであり，例えばバングラデシュのグラミン銀行のように「国内から貧困を追放すること」とか，「農山魚村地域の活性化を図ること」などがそれである。

この経営目的の相違に応じて「ビジネス組織」と「マーケティング」には次の２種類がある。

第１は「営利の追求」を目的とする「営利ビジネス組織」，すなわち「営利企業」であり，それが展開するマーケティングがマネジリアル・マーケティングである。

第２はミッションの達成を主目的とし，それに必要な費用をカバーするために「営利活動」も展開し，確保した利益を当該ミッションのより良き達成のために使用する「ソーシャル・ビジネス組織（SBO）」である（山本2013）。これには，第３セクター・一般社団法人・一般財団法人・農協・漁協・生協等が該当する。このSBOが展開するマーケティングがソーシャル・マーケティングである。

上記２類型のマーケティングの特徴は次の図表１－１のように取りまとめることができる。

図表１－１　マネジリアル・マーケティングとソーシャル・マーケの相違点

ビジネスの種類	マーケティングの種類	目的	実践主体
営利ビジネス	マネジリアル・マーケティング	営利追求・蓄積	営利組織
ソーシャル・ビジネス	ソーシャル・マーケティング	主：ミッションの達成 副：それに必要な資金確保のため営利活動の展開	ＳＢＯ（ソーシャル・ビジネス組織）

3 マーケティングの精神

　そのようなマーケティングを有効に展開するためには，当該ビジネス組織の全従業員が，以下に提示する4項目の精神（Spirits）で臨むよう，心掛けなければならない。これはバイタル・スモールになるための哲学であるといえよう。

(1) 感動的顧客志向

　これは単なる顧客志向とは異なり，個々の顧客に『心に響くような満足』を提供することを意味する。こうすることによって顧客の固定客化と，当人が発する「くちコミ」によって新規客の増加を図ることができるからである。

　そのためには，従業員が自分の勤め先と仕事に大きな誇りと満足感に満ちた「感動的従業員」でなければならない。

　「感動的従業員の育成」と，彼らがお客様に「感動的満足を提供するよう努力すること」は，製造業，小売業，サービス業のみならず，全てのビジネスにとって，その繁栄のための永遠のテーマである。

(2) 利潤志向

　営利型・ソーシャル型を問わずビジネス組織は，それが社会で有用な機能を果たすものである限り，ゴーイング・コンサーン（半永久的に続くもの）として存続・発展すべきである。そのためには健全な事業活動を行い，長期的に利潤が確保されなければならない。それには，ムリ，ムラ，ムダを排除して，効率性を高めながら，長期的視点に立って経営目的達成のための利潤確保に努めなければならない。

　ここで大切なことは，営利・ソーシャルいずれの型のビジネス組織であろうとも，「感動的顧客志向」を最優先課題としてビジネスに取り組むべきである。「利潤志向」や「営利主義」が先に立つと顧客は離れてゆくからである。

(3) 競争志向

ビジネス組織が存続・発展するためには，同業他社との市場競争を有利に展開しなければならない。そのためには，先に提示したマーケティング・ミックスのそれぞれに関する差異化（競争優位性）を図らなければならない。そのための創意工夫（知恵と汗）が求められる。

(4) 発展志向

以上の活動を通じて，前述の利害関係集団との互恵関係を育みながら，上記の「感動的顧客志向」，「利潤志向」，「競争志向」に徹するとともに，市場の趨勢に見合った鋭知溢れる成長戦略を展開することによって，ビジネス組織の恒久的発展を図るものである。

 2　マーケティング・ミックス

マーケティング・ミックスとは，製品やサービスが，「売れて」「儲かる」条件作りのための手段（ツール）のことである。ここでそれについて解説することにしよう。

1　通常のマーケティング・ミックス（製造業対象）

マーケティングは製造業を対象として生成した実践科学であるため，一般論としてのマーケティング論は，製造業を対象にした理論構成になっており，そのマーケティング・ミックスは通常，以下に提示するマーケティング4Pのことを指す。その内容は次のとおりである。

(1) 製品政策（Product Planning）

ターゲット顧客層の欲求，価値観，生活様式等にマッチする製品を企画・創出し，市場に提供すること。これには概ね以下の8活動がある。

① 市場細分化戦略：全体市場を一定に基準で部分市場に分け，特定部分市場

の特性に的確にマッチするよう，製品計画を中心とするマーケティング４Ｐに工夫を凝らす方策
② 製品差異化戦略：同業他社の製品よりも，より大きな顧客満足が提供できるよう，製品面での差異化を追求する方策
③ 製品の改良・改善：顧客の生の声に基づいて，製品差異化を継続実施してゆく方策
④ 新製品開発：他社に先駆けて，これまで社会に存在しなかった製品を開発し，市場に導入する方策
⑤ 新用途の開発：既存の製品に対して，本来の用途とは異なる新たな用途を開拓してゆく方策
⑥ ブランド設定：その製品に最もふさわしいブランド名やロゴマーク等を開発し，設定すること
⑦ 製品廃棄：衰退期に入った製品を，市場の動向を見ながらその製造を廃止してゆく方策
⑧ 製品付随サービス：配送，据え付け，メンテナンス等，アフター・サービスを提供する方策

(2) **価格政策（Pricing Policy）**

ターゲット顧客層が喜んで払いうる価格を設定すること。これには次の２つの領域がある。
① 新製品の価格設定：コスト・プラス方式，コスト・マイナス方式，浸透価格方式，スキミング価格方式等
② 価格差異化政策：割引価格政策，差別価格政策等

(3) **プロモーション政策（Promotion Policy）**

製品の売上げ推進のための告知・販売活動。具体的には次の５活動がある。
① 広　　告：商品広告，企業広告，マスコミ広告，SP広告，インターネット広告等

② 人的販売：販売員活動，営業マン・営業レディの活動
③ 販売促進：対顧客向け販促，対販売店向け販促，対社内向け販促の3種類
④ パブリック・リレーションズ（PR）：一般大衆とりわけ利害関係集団が，当社に対して抱く「好意」の増大を図る活動
⑤ パブリシティ：マスコミが当社の優れた点や新規性について，ニュースで報道すること

⑷ プレイス（流通）政策（Place Polisy）

顧客が製品をどこで入手できるようにするかという「場」に関わる活動で，次の2活動がある。
① チャネル政策：商品をいかなる流通機関を起用して提供するかに関する活動。開放的チャネル政策，選択的チャネル政策，垂直的マーケティング・システム，サプライ・チェーン・マネジメント等
② 物的流通（物流）：輸送，保管，荷役，梱包，流通加工，物流関連情報等

なお，マーケティングの実践理論は，製造業はもとより，他の業界でも援用できることが判明し，例えば「小売マーケティング」とか，「サービス・マーケティング」といった概念（手法）が開発された。それぞれは固有のマーケティング・ミックスを伴うものである。かくて，以下に示す「小売マーケティング・ミックス」や「サービス・マーケティング・ミックス」の概念が提唱されるようになった。

2　小売マーケティング・ミックス

小売業のマーケティング・ミックスとしては，次に示す「小売ミックス9項目」が該当する。
① 品揃え
　顧客ニーズの特性に応じた商品を必要な時に必要量を仕入れ，魅力ある品揃えを行う活動。

② 付随サービス

商品の購入時や購入後に提供するサービス。包装，配送，据え付け，アフターサービス等

③ 価格政策

魅力ある小売販売価格の設定

④ 販売員

相対販売か，セルフ・サービスかの決定。相対販売でゆくなら，教育訓練と動機づけが課題

⑤ 他のプロモーション活動

販売員（人的販売）以外のプロモーション活動（広告，販売促進，パブリック・リレーションズ，パブリシティ等）

⑥ 立地

小売業の成否は「立地」が7割を占める。良い立地の選定は小売業にとって極めて重要である

⑦ 店舗施設

取扱商品および客層の特性に応じて店舗の内・外装，レイアウト，証明，色彩等の調整

⑧ 雰囲気

店のコンセプト，取扱商品および客層の特性に応じて，ディスプレイ，POP，BGM等の調整

⑨ 情報システム

単品管理（在庫の状況，売れ筋・死に筋の把握）や，顧客管理のための情報システムを活用

⑩ 共同システム

ボランタリー・チェーン（VC）や，フランチャイズ・チェーン（FC）の創設，ないし加盟

第1章 マーケティング戦略の概念と構造特性

3 サービス業のマーケティング・ミックス

　ここに言うサービス業とは，レストランのような飲食サービス業や，温泉のような観光業を指すものであり，サービス・マーケティング・ミックスは，「マーケティング7P」と呼ばれる。その具体的内容は，以下のとおりである。
① プロダクト（サービス商品）
　　温泉，地域レストラン，歴史的建造物，文化遺産，伝統行事，自然風景，非日常体験等
② プライシング
　　サービス商品や付随サービスに対し，顧客が喜んで払いうる価格の設定
③ プロモーション
　　サービス商品の利用客数を増やし，売上高を増やすための推進活動
④ プレイス
　　サービス商品を提供する施設の設置に最適の立地を選定し進出すること
⑤ ピープル（人材）
　　サービス商品や付随サービスの提供はヒトが行うものである。ヒトの能力とやる気が大切
⑥ フィジカル・エビデンス（物的環境要素）
　　サービス商品を提供する施設（建物，景観，ホスピタリティ施設等）
⑦ プロセス
　　これはサービス商品の提供過程のなかに，ホスピタリティや感動の要素を
　　含めること
である。

 マーケティング戦略の概念

　本論に入る前にまず第1節で，マーケティング戦略の意義と，その展開手法，およびその体系について，簡単に解説しておくことにする。

1　マーティング戦略とは

　マーケティング戦略とは「変化する経営環境条件のもとで，経営理念と経営方針を設定し，特定ビジネス目標の達成を目指して展開される，長期的・総合的なマーケティング上の方策であり，経営戦略の中核部分をなすもの」である。
　ここでいう「長期的」とは，5年以上に及ぶという意味である。一昔前までは長期という概念は「10年以上」を意味したが，現代の産業界は技術革新をはじめとする社会の動向がめまぐるしく変化するため，「5年以上」を基準とするにようになっている。
　また「総合的」とは，「関係する部門や機関等を全て巻き込んで」，という意味である。
　すなわちマーケティング戦略を展開するビジネス組織は，組織内の関係部門の従業員や設備等を全て動員し，それを5年以上の長期にわたって，1つのベクトルにまとめなければならない。そのためには強力で崇高な「経営理念」の策定と，その理念の遂行に必要な指針（すなわち経営方針）を明確に提示し，その周知徹底を図ることが必要である。
　それに加え，「経営基盤」が充実・強化されていなければならない。とりわけ経営資源に乏しい中小企業がマーケティング戦略を有効に展開するためには，「経営基盤」の充実・強化の同時展開が不可欠である。この「経営基盤」の具体的な充実・強化策については，紙幅の関係で拙著（2002）『中堅・中小企業のマーケティング戦略』（同文舘）に委ねることにする。

2　マーケティング戦略の体系

　バイタル・スモールを分析してみると，マーケティング戦略は次のような手順で展開されていることが分かる（図表1－2参照）。
　以下，その概要について簡単に説明しよう。

第1章 マーケティング戦略の概念と構造特性

図表1－2 マーケティング戦略の立て方・進め方

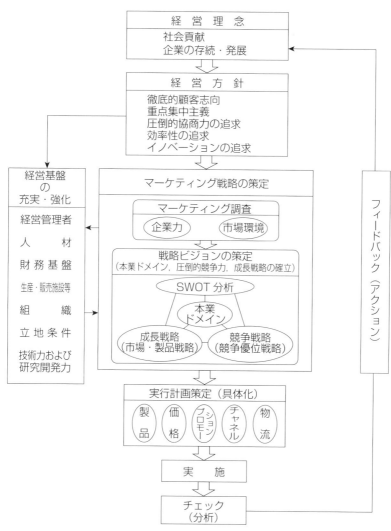

資料：山本久義（2002）p.35。

(1) 戦略ビジョンの策定

マーケティング戦略は,端的にいって次の順序で策定される。

まず,経営理念(崇高な経営目的を明文化したもの)と経営方針(経営理念を遂行するためにとるべき指針)を明確に設定する。次に行うのがマーケティン調査である。調査に際しては,①自社の企業力と,②市場環境の2領域に関して綿密な情報収集を行う。

続いて,収集した情報に基づきSWOT分析を通じて,戦略ビジョンすなわち①展開すべき競争戦略,②次なるステップとして展開すべき成長戦略,を明らかにする。

なお,経営理念や経営方針,SWOT分析の手法,競争戦略の策定,成長戦略の展開手法等についてはこの後で詳述する。

(2) 実行計画の策定

以上の戦略ビジョンを受けて,具体的な実行計画を策定することになる。この段階では,マーケティング目標(例えば売上高,シェア,利益等)を設定し,ターゲット市場の特性によりよく適合するように,マーケティング4Pのそれぞれに関する具体策を統合的に煮詰めて決定し,期間計画に乗せて当該ビジネス活動を展開するのである。

(3) 実施,チェック,フィード・バック

当該ビジネス活動を一定期間実施した後,その成果を計画目標と比較する。そこに差異がある場合は,その原因を分析・究明し,経営理念の再認識にまでフィードバックして,新たな目標を再設定する。次にその達成を図るべく戦略ビジョンやマーケティング4Pの修正を行うという手順を繰り返しながら,より高い目標が達成できるように全力を尽くすのである。

このようにしながら,ビジネス組織体の存続・発展を図ってゆくのである。

第1章 マーケティング戦略の概念と構造特性

⑷ 経営基盤の充実・強化

ところで,競争戦略や成長戦略を中心とするマーケティング戦略が有効に機能するためには,それを実践するビジネス組織の「経営基盤」が充実していることが前提条件である。それが充実していない場合は,その強化(特に質的強化)を図らなければならない。

経営基盤が軟弱では長期間にわたり,関係する部門を全て巻き込んで統一的に「競争戦略」や「成長戦略」を展開することは不可能であるからである。経営基盤の構成要素としては次の7項目がある。

①経営管理者,②人材,③財務基盤,④生産施設等,⑤組織,⑥立地条件,⑦技術力・研究開発力

マーケティング戦略に関する研究書で,このような経営基盤のことについて言及している文献はほとんど見受けられない。恐らくこれらの7項目はマーケティングの直接領域でないことが,その要因であろう。しかしながら,「マーケティング戦略」は「経営戦略」の主要部分であり,したがってそれはトップ・マネジメントの管掌事項である。

しかるに彼らの管掌事項にはもう一つある。それは「全般管理」である。「経営基盤7項目の充実・強化」はまさにこの「全般管理」の領域である。すなわちトップ・マネジメントの基本的重要職務は,「経営基盤7項目の充実・強化」を図りながら,強力な「マーケティング戦略」を中心に据えた経営戦略を展開するという,複眼志向が求められる。

特に中小企業の場合は,経営基盤が軟弱である場合が多く,そのことが思い切ったマーケティング戦略展開の足かせになっている場合が多いので,そのトップ・マネジメントにはこの複眼志向が絶対的に必要である。

マーケティング戦略の主要構成要素とその特徴

マーケティング戦略が有効に機能するためには,企業競争を有利に展開し,ターゲット市場でのシェア・アップを図るための「競争戦略」が企画・実践さ

れなければならない。

またビジネス組織の存続・発展のためには，現在の事業ドメイン（製品×市場）から，次の一手としての新たな事業ドメインに進出すること，すなわち「成長戦略」が企画・実践されなけばならない。

さらには「経営基盤」の充実・強化も図られなければならない。

すなわち，有効なマーケティング戦略の主要構成素は，「競争戦略」，「成長戦略」，「経営基盤の充実・強化」の3点である。

マーケティング戦略の具体的内容は「営利ビジネス」と「ソーシャル・ビジネス」の間で，同一部分もあれば，異なる部分もある。異なる部分は特に「経営理念」，「経営方針」，「マーケティング・ミックス」，さらには経営基盤のなかの「経営管理者」，「人材」，「財務基盤」，「立地条件」においてみられる。

以下，その点についても触れながら，マーケティング戦略の主要構成要素とその特徴について解説することにする。ただしその中の「経営基盤の充実・強化」に関しては拙著『中堅・中小企業のマーケティング戦略』（同文舘），の中で詳述しているので，本書では紙幅の関係でその解説は省略する。

1 経営理念と経営方針

(1) 経営理念

「経営理念」は，営利組織に固有の「営利ビジネス」の場合と，ソーシャル・ビジネス組織（SBO）に固有の「ソーシャル・ビジネス」の場合で異なる。さらに同じ「営利組織」であっても，また同じ「ソーシャル・ビジネス組織」であっても，組織形態の別によって異なるものである。しかしながらそれらは，ほぼ次のように集約できる。

1) 営利ビジネスの場合

この場合における経営理念としては，「CSRの遂行（すなわち利害関係集団に満足の提供，とりわけ顧客と従業員に対する感動的満足の提供）を図りながら長期最大利潤を追求する」が適する。

利害関係集団としては，株主，債権者，従業員，顧客，仕入先，地域の生活

者，国・地方公共団体等がある。バイタル・スモールを調査してみると，彼らは活き活きとして活力に満ちた企業とはいえ，中小企業であり，経営資源が豊かでないため，以上の利害関係集団に満足の提供を図りながらも，特に「顧客」と「従業員」に対しては，「感動的満足」を提供できるよう，重点的に配慮していることが分かる。

2) ソーシャル・ビジネスの場合

その経営理念としては，「CSRを遂行しながら，ミッション（特定社会問題の解決）の遂行を究極目的とし，それに必要な資金を確保するために営利活動を展開し，確保した利潤は組織の維持・発展と，ミッションのより一層の遂行のために使用する」が適する。

ソーシャル・ビジネス組織におけるミッションの具体例としては，次のものがある。

① 国内から貧困を追放する（バングラデッシュのグラミン銀行）
② 市内に会議やイベント等への入込み客を推進し，市内の経済発展に貢献する（福岡市の「一般財団法人コンベンション・センター」）
③ ドライバーの快適運転と，農山漁村地域の振興に貢献する（「道の駅」の運営会社）

(2) 経 営 方 針

これは経営理念を実現するために必要なビジネス活動を展開する際の，心構え（指針ないしポリシー）を集約したものである。バイタル・スモールに共通して見られる経営方針は以下のとおりである。

①感動的顧客志向，②重点集中主義，③圧倒的競争力の追求，④効率性の追求，⑤イノベーションの追求，の5点である。
その内容について以下で簡単に説明しよう。

1) 感動的顧客志向

これは前述のように，顧客に「感動を伴うような満足感」を提供することである。ビジネスの展開に際し，顧客である消費者や使用者が，この商品をこの

企業から購入してよかったと，心の底から感激するよう，従業員一同が汗と知恵を絞って取り組むことである。

町工場から巨大企業に成長させた，経営の神様といわれる故松下幸之助（2001）は，実社会で揉まれて生まれた知恵，すなわち「汗のなかから出た知恵」でないと，ビジネスの場で通用するほんものの知恵にならないとして，まず現場で汗を流すことの重要性を訴えている。

こうすることにより，熱烈な固定客が増え，くちコミで新規客も増えることになる。ドラッカー（Drucker, P. F. 1964）の提示する「顧客の創造」というマーケティング機能は，こうすることによって実現できるのである。

2) 重点集中主義

これはマーケティング戦略の展開に際し，最重点的要素に対して経営資源を集中投入することである。経営の場ではあれもこれもと手を伸ばすのではなく，特に中小企業は経営資源が乏しいため，最重要ポイントだけに的を絞り，それに向けて全力投球するということである。これは例えばターゲット市場の設定に際し，いくつかの部分市場がある中で，自社にとって特に有望な特定部分市場を一つだけ選定するとか，競争戦略の中でもマーケティング4P中，まず製品だけに的を絞り（他の3Pは他社なみにとどめ），その差異化を図ること等を指す。

3) 圧倒的競争力の追求

これは同業他社に対する競争優位性を打ち立てるため，マーケティング・ミックスのなかで，自社の能力と市場環境の両面からみて，最も有効な要素に関し，他社を寄せつけないほどの差異化を図ることをいう。そのなかでも製品を対象とする差異化が最も強力である場合が多い。理由はその背景に永年にわたって蓄積された技術力・研究開発力すなわちコア・コンピタンスが控えており，他社がそれを容易に超えることができないからである。

4) 効率性の追求

以上の3項目についてその実現を図る際に，必要利益の確保を図るため，コスト効率の向上を図るべく，常にムリ，ムラ，ムダの排除に努めることである。

5）イノベーションの追求

　これは以上の4項目を追求するに当たり，絶えずその手法の改善を図ることを指す。福岡市にある辛子明太子の優良企業，「ふくや」の製造現場に行くと，あちこちの壁や柱に「それがベストか？」と書いたポスターを掲示し，各作業現場での改良・改善を促している。

　以上は「営利組織」と「ソーシャル・ビジネス組織（SBO）」に共通して見られる「経営方針」である。ソーシャル・ビジネス組織の場合はこれに，少なくとも，もう1つ次の概念が加わる。

〈ソーシャル・マーケティングとマネジリアル・マーケティングの融合〉

　SBOはその経営理念が示すように，特定のミッションの遂行を究極目的としているので，その遂行に経営資源を投入することになる。しかしながら，それは極めて大きな社会的ミッションを果たすものであるので，ゴーイング・コンサーンとして存続・発展してゆく必要がある。そのためには競争力のある営利活動も実践しなければならない。そのためにはマネジリアル・マーケティングの展開が求められる。しかしそれはあくまでも副次目的である。この点を忘れてはならない。

　いずれにせよソーシャル・ビジネスにおいてはその経営方針に関し，上記のような形で「ソーシャル・マーケティング」と「マネジリアル・マーケティング」の融合することが必要となる。

2　マーケティング・リサーチとSWOT分析

　マーケティング・リサーチは大きく見て次の要領で行う。まず自社の「企業力」について，「マーケティング4P」と，「経営基盤」の両面に関する実態を，同業他社との比較で，強み（Strengths, S）と，弱み（Weaknesses, W）の観点から調査する。

　次に市場環境について「ターゲット市場の顧客層」，「競合先」，「政府の施策や景気の動向」等の現状と動向に関し，機会（Opportunities, O）と，脅威

(Threats, T) の観点から調査する。

その後で，「機会：O」に対しては，「強み：S」で対応することにより，それを確実にモノにするよう企画する。あるいは「弱み：W」を，経営努力によって「強み：S」に変え，それを用いて「機会：O」をモノにするように企画する。強みに変える具体的手法については，記録に残しておき，後でその手法を確実に実践することが大切である。

一方，「脅威：T」に対しては，既に存在する「強み：S」により，その克服を図るようにする。あるいは「弱み：W」を経営努力によって「強み：S」に変え，それを用いてその克服を図るように企画する。この場合も，『強み』に変える具体的手法については，記録に残しておき，後でその手法を確実に実践することが大切である。

以上の方法で「機会：O」と，「脅威：T」に対応するよう綿密な企画を策定するのである。

3　競　争　戦　略

これは要するに同業他社に対し，マーケティングの構成要素（マーケティング・ミックッス）に関して差をつける方策である。競争戦略の主たる要素には，①市場細分化戦略，②製品差異化戦略，③価格戦略，④プロモーション戦略，⑤チャネル戦略，⑥物流戦略がある。市場でトップ・シェアの確保を目指す場合は，圧倒的競争力を発揮しなければならない。その具体策は上記①〜⑥までの競争戦略要素のなかの，1点でよいから他社に対して圧倒的差異を設けることである。

通常の場合，圧倒的競争力は①の市場細分化戦略をとり，いくつかの部分市場のなかから自社に最適の特定部分市場をターゲットとして，そのドメインのなかで製品差異化戦略を強力に発揮する場合に発生することが多い。

ついでながら，製品差異化戦略をとる場合は，図表1-3に示す「市場性」の領域のなかの実体機能や，拡大機能の中のどれかの要素（例えば品質，デザイン，アフターサービスなど）のうちの一つか二つに関し，他社に対する強力

図表1-3 製品の概念

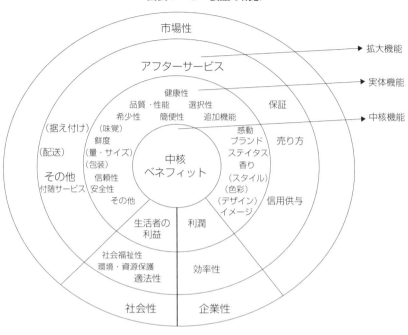

注：（ ）内は有形財の場合にのみ該当する。
資料：山本久義（2002）『中堅・中小企業のマーケティング戦略』同文舘，p.88。

な差異化を図ることで実現できる場合が多い。近年では環境意識の高まりから，環境保全など「社会性」の領域に関する差異化を図ることで，圧倒的競争力が生まれる場合もある。

　ソーシャル・ビジネスの場合においては，製品差異化は，以上のような一般的手法に加え，「地域性」が，差異化の手段になる場合がある。例えば「道の駅」のような場合では，当該地域の農水産物を原料や素材として起用していること，あるいは農家・漁家の手作りの惣菜，弁当などといった，「地域」に対するある種のこだわりを製品差異化の手段として競争戦略を展開している。

　さらには同じく「道の駅」の場合，農水産物の中で通常のスーパーでは取り扱ってくれないような規格外品を，一種のアウトレット価格で販売するといっ

た製品差異化と価格差異化の両方を手段とする競争戦略をとる場合がある。

4 成長戦略

著者は現実の企業活動の実態を，文献調査と実態調査によって分析したうえで，アンゾフ（Ansoff, H. I.）の，2×2の4マトリックス・モデルを元に，複雑な企業活動を展開する現代企業の実態をより鮮明に説明できるよう，3×3の9マトリックス方式による新しいパラダイムに基づく成長戦略モデルを考案した（図表1－4参照）。

図表1－4　新成長戦略のベクトル

市場分野 製品分野	既　　　存	既存・新規	新　　　規
既　　　存	① 市場浸透	② 準市場開拓	③ 市場開拓
延 長 製 品	④ 準製品開発	⑤ 準多角化	⑥ 市場開拓的多角化
新　　　規	⑦ 製品開発	⑧ 製品開発的多角化	⑨ 多角化

資料：山本久義（2002）『中堅・中小企業のマーケティング戦略』同文舘出版，p.70。

このモデルは現在，企業が存続発展してゆくために，あらゆる成長の芽を探索し，複雑かつ微妙な動きをしている企業行動の特徴を説明でき，自社の進むべき（成長すべき）方向付けを，アンゾフ・モデルよりも鮮明かつ的確に行うことができるというメリットがある。中小企業診断士として当モデルを起用し，九州地域の中小企業を対象に，マーケティング戦略に関する指導を行ってきたが，特に中堅・中小企業の経営者から好評を得ている。

本論を進める前に，当「成長戦略モデル」の概念と特徴について解説しよう。

(1) 市場分野

まず市場分野の概念と特徴から解説しよう。

① 「既存市場」

　図表1－4の中の市場分野における「既存」とは「既存市場」のことで，当社が現在，ターゲットにしている市場を指す。

② 「新規市場」

「新規」とは,「新規市場」のことで,当社がこれまでターゲットにしたことがない市場である。

ちなみに新規市場の具体例としては,次の5通りがある。

イ　地理的開拓：　例えば九州をターゲットにしてきた企業が関東とか,海外に進出する場合。

ロ　世代的開拓：　例えば大人用の製品を子供向けに開拓する場合。

ハ　異性的開拓：　例えば女性用の製品を男性向けに開拓する場合。

ニ　用途的開拓：　例えば生産財を消費財向けに開拓する場合。

ホ　その他の新しい顧客層の開拓：　上記以外の新規客層を開拓する場合。

③ 「既存・新規市場」

「既存・新規」とは,上述の「既存市場」と「新規市場」の双方を同時にターゲットにした市場である。

(2) 製品分野

次に製品分野であるが,当モデルの「製品」は「製品群(ライン)」であることをまず指摘しておく。

① 「既存製品」

この場合の「既存」とは,既存製品,すなわち当社が現在,製造・販売している(取り扱っている)製品を指す。その中にはいくつかの製品品目(製品アイテム)が含まれていることになる。したがって既存製品,すなわち既存製品ラインの範囲内で,新たな品目を開発・付加しても,それは既存製品とみなすものである。

② 「延長製品」

「延長製品」とは,既存製品との間に,何らかの相乗効果をもたらすような「有機的関連性」を有する製品であり,それには次の4通りの展開方向がある。

イ　既存製品の生産に要する技術や設備が援用できる製品分野

ロ　既存製品の生産に要するものと，同じ原材料が用いられる製品分野
ハ　既存製品がそのまま主要部品となるような製品分野
ニ　既存製品の生産過程で発生する廃棄物ないし余剰物が主たる原材料となる製品分野

延長製品はこのように，「既存製品」との間に，有機的連携関係があることから，コスト競争力や製品差異化の局面で相乗効果が得られることが大きな特徴である。延長製品はこの点において次の「新規製品」とは大きく異なる。

③　「新規製品」

「新規製品」とは，当然ながら，当社がこれまで全く取り扱ったことがない製品であるという点については，「延長製品」と同じである。しかしながらそれは，「既存製品」との有機的関連性が全くない点で，「延長製品」とは異なったジャンルに属する。

　当然ながら，その生産に関する技術ノウハウがないため，零から研究開発を進めなければならず，経営資源に乏しい中小企業にとっては，自力で開発することは得策ではない。ただし中小企業といえども，バイタル・スモールとしてブランド力が備わっている場合は，OEM方式で「新規」の製品分野に進出することは可能である。これについては後ほど，実例を紹介することにする。

(3) 各事業ドメインの特徴と事例

　事業ドメインとは，「ターゲット市場」と「製品」を組み合わせたものを指す。すなわち「いかなるターゲット市場に対し，いかなる製品を提供するか」の組み合わせである。図表1－3は企業がゴーイング・コンサーンとして存続・発展（すなわち成長）してゆくための道筋を示すものである。企業が成長してゆくためには，それには同図表が示唆するように，現在の事業ドメインでのビジネスに邁進しながら，新たな市場分野や製品分野（すなわち新たな事業ドメイン）に進出することが不可欠なのである。

　現在の「事業ドメイン」と「新たな事業ドメイン」を合わせると，同図表に

みるように合計9種類の事業ドメインがある。それぞれの特徴は以下のとおりである。

① 市　場　浸　透

　既存市場（現在ターゲットにしている市場）に対して，既存製品（現在扱っている製品）を提供し，そのシェア・アップを図る方策。

　前述の「競争戦略」は，この「市場浸透」を図るための方策である。先述の要領で，「圧倒的競争力」を構築することがポイントとなる。

② 準　市　場　開　拓

　「既存市場」と「新規市場」の双方を同時にターゲットとし，「既存製品」のなかの新しい品目（アイテム）を提供してゆく方策。

　具体例としては福岡県うきは市の「筑水キャニコム」の例が分かりやすい。同社は「農業用運搬車」や「乗用型草刈り機」の中小メーカーである。これまで国内市場を主たるターゲットとしてきたが，近年，ヨーロッパ諸国への輸出を行ってきた。中国市場はコストの関係で未開拓であった。

　このたび同社は中国の江蘇州に，上記「草刈り機」の工場を建設した。うきはの本社工場で生産されているものとほぼ同品質のものが低コストで生産できるので，中国市場もターゲットの射程に入った。もちろん低コストを武器に既存のターゲット市場（ヨーロッパ諸国）での価格競争力が増幅することになった。

　中国に「草刈り機」の生産拠点を確保した同社の戦略は，ヨーロッパ市場という「既存市場」と，中国市場という「新規市場」の双方を同時にターゲットにできるものであるので，まさに「準市場開拓」である。

③ 市　場　開　拓

　「既存製品」を「新規市場」に向けて提供するドメイン。具体的には前述のように，地理的開拓，異性市場の開拓，年代的開拓，用途的開拓等を切り口とする開拓の方策がある。

　この戦略は単純であり，具体的事例も豊富に存在するので割愛する。

④　準製品開発

　「既存市場」に対して,「延長製品」を提供してゆく方策。

　この具体例としては大分県臼杵市の「富士甚醤油」が好例である。同社は自社製造の本醸造醤油をベースに,鰹節や煮干のエキス等を合わせた風味豊かな「ストレートつゆ」を開発している。これは紛れもなく醤油の「延長製品」である。ターゲット市場は,醤油の場合と同じローカル市場「既存市場」である。九州の醤油会社には「ダシ」を開発する企業が多いが,これも「準製品開発」である。

⑤　準多角化

　「既存・新規市場」を対象に,「延長製品」を提供する方策。

　具体例としては福岡市の菓子メーカー「石村萬盛堂」をあげることができる。同社は銘菓「鶴の子」を看板商品とする和菓子の老舗である。その実質ターゲット市場は中高年である。若者には趣向が会わないからである。同社は近年,若者市場も獲得しようと,洋菓子の分野も手がけることにした。

　洋菓子は和菓子と原材料ほぼ同じで,製造技術が援用できる。故にこれは「延長製品」である。市場はというと,洋菓子の場合は中高年「既存市場」も若者「新規市場」も同時にターゲットにできる。したがって同社の「洋菓子」分野への進出は「準多角化」である。

⑥　市場開拓的多角化

　「新規市場」を対象に,「延長製品」の提供を図る方策。

　好例は長崎市の「長崎船舶装備」に見ることができる。同社は立地上,三菱重工長崎造船所や,大島造船所などを得意先とし,船舶の船員居住室や旅客用客室の設計・施工・メンテナンスを専門とする船舶用内装業である。

　同社は近年,永年培ってきた船舶向けインテリア事業の技術を活かし,商業施設の企画・設計・施工業も展開している。これはまさに「既存製品」の生産技術を援用したものであるので「延長製品」であり,ターゲット市場は造船会社ではなく,商業者という同社がこれまでターゲットにしたことのない「新規市場」である。

⑦　製品開発

「既存市場」に対して，「延長製品とも異なる全くの新規製品」を提供してゆく方策。

技術力，研究開発施設，開発要員，開発資金等，いわゆる経営資源に乏しい中小企業の場合は，同社の「既存製品」とはなんら有機的関連性のない「新規製品」に進出することは得策ではない。中小企業の場合は「延長製品」の開発に集中すべきである。

しかしながら，中小企業でも「市場浸透」のドメインにおいてブランドが構築されている場合は別である。当該「既存市場」に向けて，そのにニーズの大きい「新規製品」を企画し，専門メーカーにそのOEM生産を委託し，完製品を自社ブランドで販売するという方式で「製品開発」のドメインに進出することができる。

岡山市の有名中小子供服メーカー「サエラ」が，子供用化粧品という「新規製品」を開発し，地元の「既存市場」に提供している事例は，まさに「製品開発」の好例である。

⑧　製品開発的多角化

「既存・新規市場」を対象に，「新規製品」を提供する方策。

この場合も上記「製品開発」の場合とほぼ同様で，中小企業でも当該市場でブランドが確立している場合は，OEM方式により「製品開発的多角化」に参入することができる。

具体例は毛皮衣料品のデザイン・販売会社「レイナ」（福岡市）である。同社は「ロイヤル・チエ」ブランドで，世界的評価を受けている福岡市の今井知恵が経営する。同社は近年，毛皮とは無関係の「新規製品」・本格芋焼酎「MORRIS（モーリス）」を，OEM方式で開発し，福岡や東京の「ロイヤル・チエ」店やインターネットで販売している。この場合の市場は，毛皮ファンという「既存市場」のなかの焼酎ファンと，全く新規の焼酎ファンという「新規市場」の両方である。この事例はまさに「新規製品」×「既存・新規市場」の「製品開発的多角化」である。

⑨ 多 角 化

「新規市場」に対し，「新規製品」を提供するという，これまでの事業分野とは全く無縁の新規事業に進出してゆく方策。

市場特性に関する知識と，製造ノウハウが不十分であるため極めてリスキーな事業ドメインでなる。

巨大企業の「新日本製鉄」でさえ，テーマパーク「スペース・ワールド」というまさに「多角化」の分野に進出して，経営に行き詰まり，リゾート施設再生のプロ「加森観光」（札幌市）に経営権を譲渡している。ましてや経営資源に乏しい中小企業にとっては，よほど勝算のある場合は別として，原則，このドメインへの進出は避けるべきであろう。

 ## マーケティング戦略とビジネス組織の類型化

「営利組織」による「マネジリアル・マーケティング戦略」は，企業の社会的責任（CSR）の遂行度合を基準に，4タイプに分類できる。

一方，「ソーシャル・ビジネス組織」による「ソーシャル・マーケティング戦略」の場合も，CSRの遂行度合と，それに固有の「ミッション」の遂行度合いという2つの基準を用いて，4種類のタイプに分類できるのである。

一般論としてのCSR（Corporate Social Responsibility：企業の社会的責任）は，「社会の公器として，企業の利害関係集団に対して満足を提供することである」。しかしながら，千客万来の企業を目指すなら，それに加え，「とりわけ従業員と顧客に対して感動を伴うような満足を提供することである」と，定義付けるべきである。本書はそのようなCSRを「高度なCSR」，前者の場合（すなわち利害関係集団を一応満足させること）を「通常のCSR」と呼ぶことにする。

以下，それぞれについて解説することにする。

第1章　マーケティング戦略の概念と構造特性

1　マーケティング戦略と営利組織の4類型

まず「営利組織」の「マーケティング戦略」から解説することにしよう（図表1-5参照）。

図表1-5　マーケティング戦略と営利企業の4類型

マーケティング戦略	①A型 ①B型	②型	ＣＳＲ　の　遂　行 （利害関係集団を満足させること）：通常のCSR （とりわけ，従業員とお客様には感動的満足の提供）：高度なCSR 営利の　追求・蓄積 ③型	社会奉仕 ④型	社会活動
	マル・マーケ戦略 （マル・カンパニー）	グッド・マーケ戦略 （グッド・カンパニー）	エクセレント・マーケ戦略 （エクセレント・カンパニー）	アドマイアード・マーケ戦略 （アドマイアード・カンパニー）	

資料：筆者作成。

(1)　「マル・マーケティング戦略」とマル・カンパニー

第1は，図表1-5の中の①の型である。その特徴はCSR（自社の利害関係集団を満足させること）を十分果さず，ましてや「従業員」と「顧客」に感動的な満足を提供する努力さえしないで，営利活動，すなわち利潤の追求を図るタイプである。このタイプには2種類ある。

1つは，当然ながら有効なマーケティング戦略が発揮できず，十分な利潤も確保できないタイプである（①A型）。お客様はこのようなタイプの企業の商品を選ぼうとはしない。同業者のなかの②型や，③型あるいは④型の企業の商品を選ぶであろう。

もう1つは，通常のCSRさえ十分果さないで，がむしゃらに営利追求を図る拝金主義的タイプである（①B型）。この①B型タイプの営利企業は，①A型よりも大きな利潤を上げているようであるが，それは欺瞞広告や不当表示，

詐欺的商法あるいは不当労働等による場合がほとんどであり，早晩，そのことが明るみに出て社会から非難され，業績不振に陥り，倒産に追い込まれることになるであろう。

いずれにせよこのような①型のマーケティング戦略は，「マル・マーケティング戦略」という呼称がふさわしい。それを実践する営利組織は「マル・カンパニー」の呼称がピッタリ合う。

その例としては，①原材料の偽装表示を行ってマスコミからバッシングを受けている企業，②客の食べ残した料理の使い回しをしていた一流料亭，③店長や従業員に過重労働をさせ自殺者や多くの病人を出したブラック企業，④カビが生えたお米を洗浄した工業用（工場の原料）にしか使えない，いわゆる汚染米を消費用流通市場に回していた米穀卸売業者，⑤消費期限切れのミートを用いて加工し，世界的ファスト・フード・チェーンに納入していた某国の企業，⑥資源国とアンフェア・トレードを行っている世界的ブランド企業などがこれに該当する。このような「マル・カンパニー」の例は，国内のみならず海外でもその枚挙にいとまがない。

(2) 「グッド・マーケティング戦略」とグッド・カンパニー

第2は，同図表の②型である。すなわち営利を追求しながらも，かろうじて利害関係集団に満足を提供している，すなわち「通常のCSR」を遂行している程度で，その中の「従業員」と「顧客」に対して感動的満足を提供しようと，「高度なCSR」の遂行を目指して努力はしているが，まだそれが十分ではないタイプである。

この場合は，一応「通常のCSR」を果たしているうえに，「従業員」と「顧客」に感動をもたらす努力をしているので，とりあえず「グッド・マーケティング戦略」と呼んで良いだろう。したがってこのタイプの営利組織は「グッド・カンパニー」と呼べるであろう。

実は大部分の企業群がこのタイプに属すると考えられる。

⑶ 「エクセレント・マーケティング戦略」とエクセレント・カンパニー

　第3は，同図表の③型である。このタイプは，営利追求を図りながらも，「高度なCSR」を完遂している点が特徴である。すなわちこの型の営利企業は，「通常のCSR」の遂行を図りながら，とりわけ「従業員」と「顧客」に対しては，十分な感動的満足を提供しているのである。

　そのことが奏功し，勤め先と仕事に対して大きな誇りと生き甲斐を感じている従業員の，優れた知恵と強力なモラールに支えられて，感動した顧客に満ちあふれた千客万来の素晴らしいマーケティング戦略が展開されることになる。その結果，大きな利潤が確保・蓄積されているのである。

　このようなタイプのマーケティング戦略は，「エクセレント・マーケティング戦略」の名称がふさわしい。したがってそれを展開して営利組織は「エクセレント・カンパニー」と呼べるであろう。

⑷ 「アドマイアード・マーケティング戦略」とアドマイアード・カンパニー

　第4は上記の「エクセレント・マーケティング戦略」を展開しながら，本業外の「社会奉仕」まで実践するという，「徳」に満ちた事業活動を行っている型である。

　かくてこのタイプのマーケティング戦略は，賞賛すべきマーケティン戦略すなわち，「アドマイアード・マーケティング戦略」という呼称がふさわしい。

　したがってこのタイプのマーケティング戦略を展開する「営利組織」は，企業価値が極めて高いことから，「アドマイアード・カンパニー」の称号が与えられるべきであろう。

　以上の「マーケティング戦略」と「ビジネス組織」の類型化については，そこに勤めるか，実態調査をしなければ正確なことは判断できない。ただし，上記⑴の「マル・カンパニー」や，⑷の「アドマイアード・カンパニー」ついては，ニュース性があるので，マスコミがよくとりあげている。中小企業の「アドマイアード・カンパニー」の具体例としては，次の企業を挙げることができるであろう。

① ふくや(福岡市・明太子製造):政府が推進する「少子化対策」の一環で,新生児が誕生した家庭に,母子手帳を持参すれば,直営店舗で「辛子めんたい」を1箱(1,080円)を贈呈している。
② きのとや(札幌市・ケーキ製造):全従業員に,誕生日に1万円と休暇1日を提供。2ヶ月毎にケーキ券(5,000円)提供。毎月1,000円積み立てて社員旅行。∴従業員が明るく活発。作り立てを店頭に∴フルーツはケーキの完成直前に乗せる。身障者を積極的に雇用し,適材適所に配置。

2 ソーシャル・マーケティング戦略とソーシャル・カンパニーの4類型

ソーシャル・カンパニー(SBO)が,現実の産業界で展開しているソーシャル・マーケティング戦略の実態を調査し,「CSR遂行の程度」と,「ミッション達成への努力」という,2種類の基準をもとに分析すると,この場合にも4類型があることが分かる(図表1-6参照)。

図表1-6 ソーシャル・マーケティング戦略とソーシャル企業の4類型

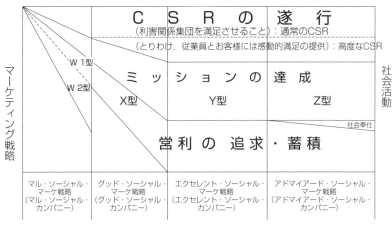

資料:筆者作成。

(1)「マル・ソーシャル・マーケティング戦略」とマル・ソーシャル・カンパニー

　第1は図表1－6の中のW型である。この型は「通常のCSR」の遂行が不十分で，しかもソーシャル・カンパニーが本来追求すべきミッションの遂行が極めて不十分なタイプである。よく観察してみるとこのタイプには2通りある。

　1つはW1型である。このタイプは「通常のCSR」の遂行さえ不十分であるために，従業員のモラールが低く，顧客満足も不十分なためリピーターは育たず，社会の評判が悪いので，ソーシャル・マーケティング戦略が十分機能しない。そのため，ミッションの遂行も，必要な利潤の確保もママならない型である。

　2つめは，W2型である。このタイプでは従業員のモラールが低く，顧客満足も不十分で，社会の評判も良くないため，当然ながらミッションを十分果すことができない。そのような情況のなかでただひたすら自社の利益確保を目指して事業活動に邁進することによって，W1型よりも大きな利潤をあげている拝金主義的なタイプである。このような守銭奴型のソーシャル・カンパニーは，早晩そのソーシャル・ビジネスとしての不当性が明るみに出て，社会からバッシングを受け，業績不振から倒産に陥ることになるであろう。

　いずれにせよW1型，W2型のソーシャル・マーケティング戦略は，いずれもSBOの本分から逸脱しているため，マル・ソーシャル・マーケティング戦略という呼称がふさわしい。したがってこのような事業を展開する「ソーシャル企業」は，「マル・ソーシャル・カンパニー」の名称が似合うであろう。

　事例としては，多額の不透明な利益剰余金を蓄積していた，某社会福祉法人が該当する。この他にも新聞の紙面をにぎわす例，特にW2型の例は数多い。

(2)「グッド・ソーシャル・マーケティング戦略」とグッド・ソーシャル・カンパニー

　第2は図表1－5の中のX型である。この型は，まず「通常のCSR」は一応遂行している点が大きな特徴である。ただし利害関係者の中の「従業員」

と「顧客」に対し,感動的満足までは提供できていない。すなわち「高度なCSR」の完遂には至っていない。

そのうえで,ソーシャル・カンパニーとして,ミッションの達成に向けて努力はしているが,図表に示すように,その達成も営利活動もまだ十分とはいえない状態にある。このタイプのソーシャル・マーケティング戦略は,一応「通常のCSR」を遂行しているうえに,「高度なCSR」を遂行する努力をしていることから,とりあえず「グッド・ソーシャル・マーケティング戦略」,その経営体は「グッド・ソーシャル・カンパニー」と呼ぶのが適しているといえよう。

ちなみに大半のソーシャル・カンパニーがこのタイプ,すなわちX型に属していると考えられる。

(3) 「エクセレント・ソーシャル・マーケ戦略」とエクセレント・ソーシャル・カンパニー

第3は図表1-5の中のY型である。この型の特徴は,まず「高度なCSR」を完遂していることにある。すなわち利害関係集団への満足提供を図りながら,とりわけ「従業員」と「顧客」には感動を伴うような満足を提供しているのである。

このタイプの場合は,ソーシャル・カンパニーとしてミッションの達成に十分コミットしており,自分の勤務先と仕事に大きな誇りと生き甲斐を抱いている従業員が,研ぎ澄まされた知恵と強力なモラールをもって働くため,千客万来のソーシャル・ビジネスが展開され,ミッションも十二分に遂行されるとともに,恒久的に十分な利益が確保されるのである。しかもその利益のかなりの部分を,ミッションのよりよき遂行に充当するという,優等生的なソーシャル・マーケティング戦略を展開するのである。

このようなタイプは「エクセレント・ソーシャル・マーケティング戦略」と呼べるであろう。したがって,その経営体は「エクセレント・ソーシャル・カンパニー」の名称がふさわしい。

第1章　マーケティング戦略の概念と構造特性

(4)「アドマイアード・ソーシャル・マーケティング戦略」とアドマイアード・ソーシャル・カンパニー

　第4は図表1－5の中のZ型である。このタイプは上記,「エクセレント・ソーシャル・マーケティング戦略」を展開しながら,本業外の社会奉仕まで実践する点に特徴がある。

　かくてこのタイプのソーシャル・マーケティング戦略は,賞賛されるべきであることから,「アドマイアード・ソーシャル・マーケティング戦略」という呼称がふさわしい。

　したがってこのようなソーシャル・ビジネスを展開する経営体は,「アドマイアード・ソーシャル・カンパニー」の称号が与えられるべきであろう。

おわりに

　マーケティングとは端的に述べると,「ビジネス組織体が,経営目的達成のために,商品やサービスを,売れて儲かる条件作りをして販売すること」である。しかるにビジネス組織には営利組織（営利企業）と,ソーシャル・ビジネス組織（ソーシャル・カンパニー）の2種類がある。

　前者はマネジリアル・マーケティングを,後者はソーシャル・マーケティングを展開する。営利組織の特色はその目的が「長期最大利潤を追求・蓄積すること」にある。一方,ソーシャル・カンパニーの特色はその目的が「ミッションの達成（社会問題の解決）であり,そのために必要な資金確保のため,ビジネス活動（営利を伴う商品・サービスの販売活動）を行い,確保した利潤は所定ミッションのよりよき遂行のために使用すること」である。

　その条件作りのために,上記2種類のビジネス組織はいずれも,マーケティング・ミックスに知恵と汗を絞りながら,工夫に工夫を重ねることになる。マーケティング・ミックスは製造業,小売業,サービス業等,業種ごとに異なるものである。

　ところでマーケティング戦略とは「変化する経営環境条件のもとで,経営理念と経営方針を設定し,特定ビジネス目標の達成を目指して展開される,長期的・総合的なマーケティング上の方策であり,経営戦略の中核部分をなすもの」である。

マーケティン戦略は，第１章で解説したマーケティング活動を，経営基盤の充実・強化を図りながら，競争戦略（マーケティング・ミックスの差異化の追求）と，成長戦略（新たな事業ドメインへの進出）という２つの視点に立ち，長期的・総合的に展開されるものである。

　本論ではこのようマーケティング戦略のメカニズムについて明らかにした。その特徴を見ると，ビジネス組織がマネジリアル・マーケティング戦略（マーケティング戦略と略記）を展開するなら，経営目的が達成でき，かつゴーイング・コンサーンとして存続発展するのは当然であるといえよう。

　特定産業内の企業がそれぞれマーケティング戦略を展開すれば，産業需要に火がつき，当該産業が振興することになるのもうなずける。したがって，一国内における各種産業界の企業がそれぞれマーケティング戦略を実践すれば国内の産業が活性化し，経済が成長するであろう。

　したがってわが国の農業と漁業，およびそれを基幹産業とする農山漁村地域が発展するためには，農水産品がよく売れて儲かることによって，農家と漁家の所得と，生甲斐と，生産意欲の向上を図るためのマーケティング戦略を展開すればよいということが分かる。

　しかしこの場合は，そのような社会問題の解決（ミッションの達成）を目的とするマーケティング戦略，すなわちソーシャル・マーケティング戦略の展開が求められることになる。

　かくて本章では，営利組織によるマーケティング戦略と，ソーシャル・カンパニーによるソーシャル・マーケティング戦略の特徴を明らかにした。

　さらに，「通常のCSR」および「高度なCSR」の遂行度合いと，営利追求ならびに，ミッションに対する遂行努力の度合いを基準に，マネジリアル・マーケティング戦略ならびにソーシャル・マーケティング戦略の４類型化と，それを実践する「営利企業」ならびに「ソーシャル・カンパニー」の４類型化，すなわち【マル，グッド，エクセレント，アドマイアードの４分類】を試みた。

> コラム

「感動」と「マーケティング」の関係

　著者は常日頃から，マーケティングは「千客万来の実践科学」であると主張している。中小企業診断士として，現実の企業の調査・指導を行っていると，すごく繁盛している企業（千客万来の企業）の経営手法の秘訣が見えてくる。

　その秘訣にはいろいろあるが，共通していることは，経営者（企業）が「顧客に感動を与えること」を究極目標とし，その実現のために従業員を大切にし，「彼らの幸福」の追求を経営理念の中心に据えていることである。その理由は従業員が幸せでなければ，お客様を「心を揺さぶるほど感動させること」はできないからである。その手段として，従業員研修を費用ではなく，投資と捉え，彼らの意識改革と能力開発に極めて積極的に取り組んでいるのである。

　従業員研修で筆者が最も大切で基本的テーマは『感動的おもてなしの手法』である。その研修では従業員自身が，①自分が勤める企業の商品，仕事内容，勤務先に惚れ込むコツを修得し，続いて②お客様を感動させるコツを修得するように仕組んでいる。

　これらのコツを身につけた従業員は実に活き活きと，笑顔で働き，どうすればお客様が心から喜んでくれるかを，しっかり考えて実行するようになる。

　筆者はそのような従業員こそ，「人財」であると主張してきた。とりわけ「人財」が必要な部門は，直接・間接に顧客と接する部門，すなわちマーケティングをはじめ，営業（販売），調達（仕入れ）研究開発，製造，に関する部門である。

　これらの部門が，「人財」に満ちている企業は，製品，販売，付帯サービス等の局面で顧客を感動させることになる。感動した顧客は固定客となる。しかも「感動」がもたらす口コミによって新規客が押し寄せ，まさに「千客万来」となり，収益性と効率性が大幅に向上する。

　そうなると，給料や休日数などの労働条件や，レクリエーションや退職金，福利厚生も充実・向上するので，従業員の「幸せ感」がより一層増幅し，ますます活き活きと働き始め，業績向上の好循環スパイラルが発生する。やがてこれが企業風土となり，いつの日か「価値あるブランド企業」となるのである。

　すなわち『千客万来の実践科学：マーケティング』の本髄は『感動』にあるのである。

　筆者も中小企業診断士として，「営業」や「マーケティング戦略」等の研修講師を手がけてきた。その際，まず最初に「感動的おもてなしの手法」の研修を実施すると，他のテーマの研修が非常に充実してくる。企業内で「千客万来のための意識改革」が起こるからである。

　かくてブランド企業を目指す経営者は，CSRを「利害関係集団に満足を提供すること，とりわけ従業員と顧客には感動的満足を提供すること」と捉え，その実現に邁進すべきなのである。

道の駅ではこのような商品も販売される。

第2章

戦略的6次産業の概念と特徴

はじめに

　地域振興を図るには，どのような方策が有効であろうか。本書はその有効策として「戦略的6次産業」という概念（産業モデル）を提唱するものである。これは筆者が，農業や漁業を基盤とする地域振興策に関する先行理論と，地域振興の先進事例地域におけるソーシャル・カンパニーや自治体の実態調査に基づいて，マーケティング戦略論の見地から構築したものである。

　先行理論や先行概念として本書は，竹中久仁雄（1995）の提唱する「地域経済複合化」の概念，さらに斎藤修（1996）の提唱する「内発型アグリビジネス」，今村奈良臣（1987）の提唱する「農業の6次産業化」，長谷山俊郎（1998）の提唱する「農村マーケット化」，坂本慶一・高山敏弘・祖田修（1986）および，橋本卓爾（2005）らの提唱する「地域産業複合体」，さらには鶴見和子・川田侃（1989），宮本憲一（1989），保母武彦（1996）らの提唱する「内発的発展論」，そしてReddy, A.C. and D.P.Campbell（1994）の提唱する「統合的マクロ・行動学的モデル」等，関連する諸概念を選出し，それに対する分析と考察を加えた。

　先進事例地域としては，北海道猿仏村の猿払村漁協，岩手県旧大迫町の㈱エーデルワイン，長野県飯島町の飯島町役場，福井県旧名田庄村の㈱名田庄商会，福岡県三潴町のベストアメニティ㈱，福岡県岡垣町のグラノ24K，福岡県宗像市の「道の駅」むなかた，福岡県前原市の農産物直売所である伊都菜彩，福岡県大任町の「道の駅」おおとう桜街道，熊本県菊池市七城町の「道の駅」メロンドーム，大分県日田市大山町農協の木の花ガルテンおよび旧大山町役場を主導者とするおおやま夢工房，宮崎県綾町の酒仙の杜，沖縄県名護市の「道の駅」許田等を選出した。

　これに加え，著者が2006年に実施した，九州・沖縄地域における全「道の駅」（当時96箇所）対象の経営実態調査のデータ（山本2008b）を参考にした。

　以下，「戦略的6次産業」の概念（産業モデル）と，そのメカニズムについて解説することにする。

37

戦略的6次産業の概念

1 戦略的6次産業とは

　本書が提唱する「戦略的6次産業」は次のように定義付けられるものである。
　それは「農家や漁家の所得と生き甲斐の向上による,農業・漁業の活性化を通じて農山漁村地域(ルーラル地域)の振興を図ることを究極目的とし,地元客を大切にしながら,圏域の大都市をターゲット市場として,当該地域の農水産物(第1次産品),およびそれを原料として加工された製品(第2次産品)を,図表2-1に示すように,地域内に設けた直売施設で販売する産直活動(小売業)と,ターゲット都市の事業所に向けて販売する営業活動(卸売業),およびそれらを素材とする飲食業,さらには温泉等のサービス業(いずれもすべて第3次産業)を,一体的に経営する核的ビジネス組織体が(以下,『リーダー企業』と呼ぶ),受託販売ないし仕入販売の形で販売するという,バリュー・チェーンとして有機的に統合された垂直的マーケティング・システム(VMS)」である(拙著　2008 b)。

2 戦略的6次産業の概要

　そもそも6次産業とは,第1次産業,第2次産業,第3次産業の数字の部分を足し算によって,あるいは掛け算によって,すなわち1+2+3=6あるいは1×2×3=6と,和や積が6になることから,このように呼ばれることになっている。しかしながら6次産業は,第1次産業としての農業や漁業が存続・発展していることが前提である。理由は農業や漁業が衰退して0になったのでは,6次産業は成り立たないからである。したがって6次産業は1×2×3=6と,積として捉える方が適切である。戦略的6次産業の概念も同様にそれを積として捉え,農業や漁業の存続・発展を目的とするものである。
　なお図表2-1をみて分かるように,当モデルは第1次産業の産物である生

第２章　戦略的６次産業の概念と特徴

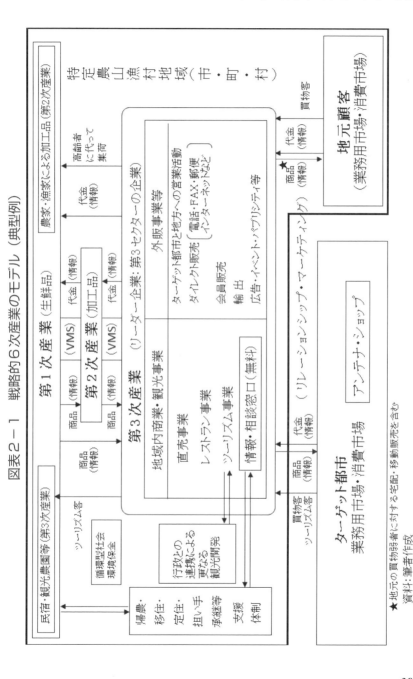

図表２－１　戦略的６次産業のモデル（典型例）

鮮品を,直接,第3次産業に持ち込み,直売ないし,レストランのメニューとして顧客に提供することも含むものである。

さらに当モデル(図表2-1)が示すように,「戦略的6次産業」においては,農家や漁家の所得の増大を図るため,彼らが自ら自宅で農産品や水産品を用いて,加工食品,例えば漬物や干し魚のような1.5次加工品,あるいはパン,ケーキ,お菓子,お弁当,惣菜等のような2次加工品を作り,第3次産業の中の直売施設で販売することを推進するものである。この場合は,農家や漁家が「第1次産業」と「第2次産業」を融合し,かつ直売施設で販売することにより「第3次産業」とも融合しているので,「農家・漁家を主導者とする第6次産業化」である。

それに加え「戦略的6次産業」は,同じく当モデルにみるように,農家や漁家にグリーン・ツーリズムの一環で民宿事業や観光農園等を推奨するものである。イギリス,フランス,スイス,イタリアではこの事業が非常に盛んで,農家の事業収入の半分弱を占めるほどであるといわれている。「戦略的6次産業」においては,農家や漁家の収入の増加を図ることを直接目的にしているため,当然ながら彼らによるグリーン・ツーリズム事業を推進するものである。この場合,顧客に食事の提供を行うことになるが,そのメニューは第1次産業と,第2次産業を融合したものであり,それを提供することと,宿泊サービスを提供すること,さらには民宿事業の一環で,農業や漁業の体験サービスを提供することは,いずれも第3次産業である。

したがって,これも典型的な「農家・漁家による第6次産業化である。「戦略的6次産業」の概念は,このような農家や漁家によるグリーン・ツーリズムもそのなかに包摂するものである。

戦略的6次産業のマクロ的・構造的特徴

「戦略的6次産業」の概念は,マーケティング戦略の概念と手法に立脚するものであるだけに,先行モデルに見られない特色がいくつか存在する。以下に

マクロ的・構造的特徴の具体的内容について解説することにする。

1　第3次産業の経営体をリーダー企業としソーシャル・マーケティング戦略の展開

　戦略的6次産業ではまず，第1次・第2次・第3次産業のなかで，第3次産業に属する直売事業や，レストランあるいは温泉事業などサービス事業を展開する経営体がリーダー企業となり，当産業システムの中心的・核的機能を果たすものである。いうならばこの経営体が地域振興の機関車的・エンジン的機能を果たすものである。

　すなわちこのリーダー企業が，農家や漁家の所得の増大による農業・漁業の振興を通じて農山漁村地域の活性化をもたらすことをミッションとし，農水産物やその加工品およびサービス品が，売れて儲かる（健全な長期利潤が得られる）条件作りをし，を積極的に販売してゆくところのマーケティング戦略を，ソーシャル・マーケティング戦略として展開するのである。したがって農家や漁家は当リーダー企業と連携を保ちながら，彼らが本来得意とする農業・漁業に専念し，高品質の農水産物およびその加工品の生産に専念することができる。

　農家や漁家がこれまで使用してきた，農家・漁家→農協・漁協→青果・魚市場→スーパー・マーケット→消費者，という伝統的な流通チャネルの下では，小売販売額の35％～40％程度しか，農家・漁家に還元されない。このままの状態では彼らのモチベーションが湧かず，後継者が育たないのも当然であろう。

　しかるに戦略的6次産業の場合は，農家・漁家に小売販売額の約85％還元するものである。すなわち戦略的6次産業のリーダー企業は，15％を受け取るだけである。

　かくて戦略的6次産業はソーシャル・ビジネスの一種であるといえよう。

　しかるに粗利益が15％程度では，「販売費および一般管理費」が十分には賄えない。そこで粗利益率の大きい「飲食事業」等，サービス事業を同時展開すると共に，駐車場や直売施設の一部をテナント貸しすることによる家賃収入や，ドリンク類の自動販売機による手数料収入等の，「営業外収入」の確保を図り，

41

経常利益の段階で黒字になるように取り計らうのである。

　換言するとリーダー企業は，直売事業を積極的に展開することになるので，外見的には営利目的のマネジリアル・マーケティングを実践しているように見えるかもしれないが，実情は上記のような手法で，ソーシャル・マーケティングを展開するものである。

　リーダー企業は通常は，第3セクターの株式会社あるいは農協，漁協がその任につくことになる。第3セクターの株式会社の場合は通常，市町村側が資本金の大部分を出資し，取締役会で経営をコントロールするという仕組みになっている。なお民間企業でも，上記ソーシャル・ビジネスの展開に，信念をもって取り組むことができるならば，そのリーダー企業となっても差し支えない。

　かくて戦略的6次産業には大きく分けて，①自治体主導型，②農協・漁協主導型，③民間企業主導型の3通りがあることになる。

2　農水産物直売事業とサービス事業の複合体の形成

　戦略的6次産業は　図表2－1に示すように，「農水産物やその加工品の直売事業」を主力事業とし，「サービス事業(飲食・レストラン事業，温浴事業，宿泊事業，観光農園事業等)」を併業し，その相乗効果により集客力の向上を図るものである。換言すると戦略的6次産業は「直売事業とサービス業の複合体」を形成するものである。直売事業だけでもそれなりの集客力はある。しかしながら上記のサービス事業も同時に展開する場合は，1＋1＝3の集客力が発揮できるからである。

　特に戦略的6次産業において飲食・レストラン事業や宿泊事業を併業する場合，その料理の素材には当該地域産の農水産物やその加工品が使用されるため，それだけでも地域の農業・漁業の振興につながる。さらにはそこで食した料理が気に入った場合，その素材としての農水産物およびその加工品が，隣接する直売所で売れるようになる。さらには飲食・レストラン事業によって，顧客の施設内あるいは地域内での滞留時間が長くなり，それだけ販売額が増大することになる。

それだけではない。そのようなサービス事業用の施設（例えば建築物，内装，テーブル，椅子等）は，極力当地産の木材を使用するとか，料理の器類や，調味料，清酒，焼酎等の容器は全て，極力当地産の陶器を使用する。またその旨を，パネル等で表記し顧客に知らせるようにするのである。もし地域産のものが無い場合は，近隣産のものを起用するようにするのである。このようにすることは観光客にとって製品差異化の効果が発生する。さらにそれにより，宣伝効果と，お土産需要が発生し，経済の地域内波及効果の推進を図るのである。このことは戦略的6次産業が戦略的と呼ばれるゆえんの一つである。

戦略的6次産業は，前述のように農業・漁業の振興によるルーラル地域の振興をミッションとするものであるので，当然ながら直売事業が事業の大黒柱となるものである。この場合，サービス事業（飲食事業等）は直売事業に対するプロモーション機能の遂行という位置づけになる。

おまけに，そこに雇用効果が発生し，地域住民の家計所得が増大することから，直売事業やサービス事業に対する地元の購買力を増大させることになる。過疎が蔓延傾向にある中山間地域で直売事業とサービス事業を同時に展開する場合は，都市からの入込み客がより一層増大するため，地域に賑わいが生じ，地域住民の意識の高揚に貢献するというメリットも発生するのである。

さらに，リーダー企業は，当該地方自治体（市町村）と連携して，新たな観光開発を行い，その経営も行う，というように，その地域の潜在的・顕在的観光商品を掘り起こし，地域観光事業（サービス業）においてもその積極的展開を図るものである。

戦略的6次産業は以上のような，まさに戦略的取り組みを図るものである。

3　リーダー企業を核とする垂直的マーケティング・システム

商品の生産・販売に関わる機関はチャネルと呼ばれる。戦略的6次産業におけるチャネルとしては，①農家・漁家（第1次産業），②それを原材料として加工食品を生産する製造業者（第2次産業），③それらを販売する販売業者やそれらを素材として料理を提供する飲食業者（いずれも第3次産業）の3種類

がある。

　垂直的マーケティング・システム（Vertical Marketing System：VMS）とは，これら3種類の機関を，その中の特定機関がリーダーとなり，他の産業に属する機関を1つに結束し，卓越したマーケティング戦略を企画実践することにより，競争力に強く，発展性のある事業を一体的に展開するシステムのことである。したがってこの手法をとれば，第1次・第2次・第3次産業が共に発展することになるのである。

　問題は垂直関係にある各産業をどのようにして結束させるかである。その結束手段としては次の3通りがある。
① 管理的結合：リーダー企業が他の事業者に対し，何らかのベネフィットを与えることによって結束する方式
② 契約的結合：リーダー企業が他の事業者と契約によって結束する方法
③ 資本的結合：リーダー企業が自らの資本で，他産業に属する事業を展開する直営方式

　戦略的6次産業は，特定ルーラル地域における第1次・第2次・第3次産業を，バリュー・チェーン（VC）として結合した内発型の垂直的マーケティング・システム（VMS）であり，上記リーダー企業（すなわち第3次産業に属する強力な運営会社）がチャネル・リーダーとして全体を統合する。

　戦略的6次産業における最もシンプルなVMSは，農家・漁家に85％還元するという，管理的結合である。中には契約的結合や資本的結合によって，自ら農業・漁業，および加工業を営むこともありうる。図表2－1の中のVMSという表記はそれら3種類の結合形態を含むものである。

　もちろん農家・漁家が出資して加工場を設置・運営することもありうる。これは図表2－1の中の第1次産業と第2次産業間のVMSである。

　いずれにせよリーダー企業は，第1次・第2次産業に対して，マーケティング戦略の見地から指示を出し，その生産活動や加工活動に一定の統制を加える。そのようにしてリーダー企業は，当該地域で産出された農産品や水産品およびその加工品に対して，よく売れて，儲かる（健全な長期利潤が得られる）条件

作りを行ったうえで，それらを積極的に販売するのである。

なお当リーダー企業は，上記の地域観光事業の経営管理も担うものであり，観光事業の繁栄によって，地域の農水産物の販売に結びつくよう，この面からも第1次・第2次・第3次産業間のVMSを構築・展開するものである。

そしてそこで得た収益が図表2－1に示すように地域内の第2次産業，および第1次産業の担い手である農家・漁家に確実に還元されるような，有機的連携システムの構築を図るものである。このようにして当のリーダー企業の売上高が多ければ多いほど，農家・漁家の収入が確実に増えるような仕組みづくりが出来上がる。

できれば当リーダー企業が加工施設を併設し，地元の1次産品を原材料とする加工品を製造するという方式をとることが望ましい。その理由は，直売所で売れ残った農水産品とか，色や形が不ぞろいのため，農協・漁協に出荷できない規格外品をリーダー企業が買い上げ，それを原材料として加工品にすれば，大幅に付加価値がつき，粗利益が増大するからである。しかも農家・漁家の収入がそれだけ増加するからである。

4　ハーシュマンの「不均整成長論」を援用した動態的捉え方

経済発展戦略の方式として，ハーシュマン（Hirschman, A. O. 1958）は，成長とは「経済の先導的部分から後続的部門へ，一産業から他産業へ，また一企業から他企業へと伝播する過程，すなわち「ある部門に他の部門が追いつくといった一連の不均等発展の結果である。したがって経済を絶えず発展させるためには，緊張，不釣合，不均衡を維持することが必要である」と説いた。

「戦略的6次産業」の概念は，この「不均整成長論」を援用するものである。すなわち，地域内に構築した第1次・2次・3次産業間における垂直的マーケティング・システム（VMS）のキャプテン（第3次産業のリーダー企業）には，マーケティング戦略を積極的かつ巧みに展開することが求められる。それによってもたらされる第3次産業の際立った繁栄を「起爆剤」として，あるいは経済を動かす「エンジン」として，地域内の第2次産業，さらに第1次産業

へと繁栄を波及させてゆくのである。「戦略的6次産業」の概念はこのような動態的捉え方をするものである。

5　特定の市町村単位（行政単位）で設立される

　戦略的6次産業は広域単位ではなく，基本的に市町村単位で設立されるものである。その理由はそれが本来，その地域の首長（すなわち市町村長）が自分の君臨する地域の産業振興策として，戦略的に企画・実践するのが有効であるからである。また，地域内の第1次産業すなわち農業や漁業，そして農家や漁家を一つにまとめ，地域内の第2次産業と，第3次産業を有機的なバリュー・チェーンとしての組織を構築できる職位は市町村長が最適任であるからである。

　それに加え，市町村長としては，自分が産まれ育った郷里が，過疎化して衰退してゆく姿を見るに忍びなく，自分の在職中に郷里の地域活性化を実現させたいという心理が人一倍強く働くからである。地域振興に関する先進地の事例を検討してみると，そのことがよく分かる。

　さらに，戦略的6次産業のような，まとまった資金を要する革新的プロジェクトを立ち上げ，その存続・発展を図るには，地域行政主体（市町村）の人的・資金的支援が不可欠である。それを動かすことのできるポジションは通常，市町村長以外に存在しない。またその際，必ず議会の賛同を取り付けなければならないが，単独の市町村議会の賛同を得るだけでも，相当の時間とエネルギーを要する場合がほとんどである。ましてや複数の市町村からの賛同を取り付けることはほとんど不可能に近いからである。

　かくて戦略的6次産業は基本的に，特定の市町村単位（行政単位）で設立されるものである。

6　CVS等の併設によるミニ・ショッピング・センター化

　ルーラル地域，特に中山間地域の住民にとって，戦略的6次産業における直売施設では，鮮度の高い農水産物やその加工品の入手は比較的容易である。逆に日常生活で必要とされる文具類，日用雑貨，医薬品等の入手，そしてクリー

ニングや宅配便の発送，銀行のATM，コピー・サービス等については，遠く離れたスーパーやドラッグ・ストア，銀行や農協等まで車で行かなければならない。つまり中山間地域の住民としては，日常生活において食料品以外の面で不自由な環境におかれている場合がほとんどである。

その解消を図るには，当該直売施設と同じ敷地内に，日常生活に必要な上記の品群やサービスを取り扱う業態の店舗を併設することである。したがって戦略的6次産業においては，農水産物直売所に隣接して，地域の特性に応じ，ミニ・CVSあるいはミニ・ドラッグ・ストアを併設し，ルーラル地域における，コミュニティ型のミニ・ショッピング・センター化を図るものである。

しかもそこに飲食施設や観光施設も併業するので，そこは単なる農水産物直売所ではなく，小規模ながらもルーラル地域におけるちょっとした集客力のある「商業・観光スポット」となる。

それは当然ながら，その近隣にガソリン・スタンドの誘致を図るものである。地域住民のみならず，都市部からのマイカー客にとっても，利便性が増すからである。戦略的6次産業はこうすることにより，当該地域における第3次産業のコア・スポットとなることを目指すものである。

7　自然環境の保全とサステイテイナビリティに貢献すること

戦略的6次産業は永久的に存続・発展させてゆくべき産業モデルであるので，それはマクロ的観点から見ても筋の通ったものであるべきである。都市の住民がルーラル地域に足を運ぶ大きな理由は，そこにクリーンで豊かな自然環境が存在して，眼を和ませる美しい景観に接することができ，しかもそこで自分達の食卓用に，安心・安全な食糧生産が行われているからである。

すなわち澄んだ空気や天然水，清流や滝，緑豊かな森林，きらきらと輝く海，隣接する松原と白砂のビーチ，さらには豊かな土壌と，そこで営々と営まれている農業・漁業・林業に魅力と親しみを感じるからである。したがってルーラル地域への都市住民の入込みを推進するためには，そこで豊かな自然環境と美しい景観，そして農・林・漁業が保全され発展されなければならない。

その具体的展開策としては，次の3点を実践すべきであろう。
① 生ゴミ処理

　　まず，第1は地域内で発生する生ゴミの処理である。それを現状のように自治体が回収して焼却するのではなく，リーダー企業が回収して堆肥にし，それを農家に低価格で販売するのである。この方策をとれば農産物の生産コストの削減に加え，化学肥料を使用する場合よりも病害虫に強く，農産物の健全化と，土壌の保全に役立つのである。さらには炭酸ガスの排出削減，石油資源の節約というベネフィットも発生する。結果としてこの方策は，自然環境の保全に貢献するのである。

② 耕作放棄地の整備

　　第2は耕作放棄地の解消策を積極的に実践することである。耕作放棄地は公的機関を仲介者として，意欲的農家に貸与するという方策で農産物の生産に充てるのである。これにより，その放棄地は，美しくて活力ある農産物の生産の場に変わり，地域の自然環境と景観は大幅に美化され，ルーラル地域の魅力がより一層向上する。

③ 森林整備と林業の推進

　　第3は森林の整備である。森林は手入れをしなければ荒れ山になるといわれている。すなわち積極的に間伐や下草刈りをしなければならないのに，安価な輸入材が市場を席巻していることから，森林の手入れがなおざりにされてきた。しかしながら，中山間地域（里山地域）のなかには，間伐材から加工したペレットを燃料とする薪ストーブや薪ボイラーを使用し，地域住民の家庭の暖房と，農家のビニールハウスの暖房を行っているところがある。

　　この方法によると，燃料費が削減できるうえに，森林の積極的手入れが進み，しかも炭酸ガスの排出は削減される。最終的には良質の木材が生産されることになる。

　　これらの活動により，森林がより一層青々と美しく輝くようになり，都市の住民にとってルーラル地域の魅力がより一層高まることになる。しかも森林が整備されることは，河川や沿岸地域での漁業の振興に貢献することが判

明しているから，なおさらである。

④　EV車による農水産物の運搬

　　農家・漁家の中には，高齢化のため直売施設に搬入できない人々がいる。高齢化の進展により，その数はますます増加するであろう。この場合，図表2－1に示すリーダー企業が，自前の車（軽トラ）で，その農家・漁家のところまで集荷に行くようにすべきである。環境保全と消費者の健康・安全・安心に少しでも貢献すべく，EVの軽トラにすることが望まれる。

　　そのためには，当該地域内のしかるべき箇所にEV充電器を設置する必要がある。さらにそれに使用する電力を可能な限り，バイオマスや太陽光により，地域内で発電するようなシステムにするとよい。

8　帰農・移住・定住・担い手承継などに対する支援体制の整備

　農山漁村地域，および農業・漁業に関する焦眉の懸案事項は，若者離れによる当該地域と農業・漁業分野における高齢化，担い手不足，耕作放棄地の増大という問題である。戦略的6次産業においては，農業・漁業および農山漁村地域（ルーラル地域）の活性化を狙いとするものであるので，この問題に対して次の4手段による積極的対応を図るものである。

(1)　若者の農業・漁業への就業に対する動機づけ

　そのためにはまず，図表2－1に示す戦略的6次産業のモデルの中の「地域内商業・観光事業」ならびにその「外販事業等」の積極的展開により，農家・漁家の所得の向上を図ることである。さらに当該ルーラル地域の賑わい，農家・漁家が収穫した農水産品を，都市や地元の住民が喜んで購入する姿を若者達にしっかり見届けさせることである。これらの方策は若者の農業・漁業離れの歯止めにかなり役立つであろう。

(2)　都市住民に対する帰農の魅力付けの推進

　内閣府の調査によると（西日本新聞2015年10月18日号），東京都区部と政令

指定都市を合わせた大都市の場合、老後は別の地域に移住したいと希望する人の割合は24.8％にのぼる。すなわち4人に1人が老後に移住を希望しているのである。全国平均でもその割合は19.1％に達している。また若い人ほど移住希望者の割合が高くなっている。移住先としては地方都市が55.2％、農山漁村地域が20.3％となっており、移住希望者の5人に1人がルーラル地域への移住を望んでいるという事実がある。

そこで農山漁村地域への移住希望者の中で、帰農への積極的対応を図ることにより、当該ルーラル地域への都市住民の移住や定住による農業従事者の増加を図るのである。

そのためには、図表2－1の中の直売事業やレストラン事業、ツーリズム事業、そして外販事業が活性化して千客万来の状態になり、当該地域の農産物が飛ぶように売れていることが必要である。そのことは帰農を決意させる大きな動機付けになるからである。

なお同図表に示す第3次産業のリーダー企業の代表取締役ないし責任者が、帰農者が栽培・収穫した農産物の品質が一定水準に達している場合は、それを当地の直売施設で取り扱うことを約束するならば、帰農者にとって大きな励みになるであろう。このことは漁業への就業希望者に対しても当てはまる。

(3) 帰農希望者に対する地域あげての支援体制の整備

帰農希望者としては、果たして自分に農業ができるであろうかと不安感が付きまとうはずである。そこで当該地域としては、自治体、農協、農家等が一体となり、移住に伴う住居、土作り、栽培、収穫等に関する具体的な支援体制を用意することが必要である。その支援体制の本部は市町村役場の一部署が担当することになるであろう。

(4) 担い手承継の推進

最後は耕作放棄地や高齢化に伴い農作業の継続が困難な農家に対する支援体制の整備である。

これについては，長野県飯島町に「農地の町ぐるみ賃貸制度」という先進事例があるので，ここに紹介することにする。この制度の仕組みは次のとおりである（NHK 2004）。

まず，町役場，農協，農家が構成員となり，町の農業方針を決定する最高機関として「飯島町営農センター」を設立する。そこが決定した方針に従って「農協」が農地貸借の仲介を行うのである。その仕組みのもとで，具体的は次の2通りの手段を講じている。

第1は，転換作物で単年性のものは，大規模に集約された農地をいくつか用意し，それをまだ元気な農家が順番に使用することで，農家の負担を平等に分け合う方法である。

第2は，「営農組合」の設置により，高齢農家に対する農作業の肩代わりをする制度である。営農の継続が困難な農家に代わって，専業農家の集団が一定の料金で農作業の肩代わりをするのである。

この制度には現在次のようなメリットを生み出している。①町が関係していることと，賃貸が町内の顔見知りの農家で行われることから，農地の賃貸が町ぐるみでスムーズに行われている。②転換作物栽培への移行が円滑に進む。③農作業肩代わり制度があるため，営農組合は作業代金や補助金を活用してコンバインやトラクター等，高性能の農業機械を保有できるので，農作業がより一層効率的に行えるようになる。

他の地域においてはこの事例を参考に，各地の実情に合うようにその支援体制を整備することが求められる。このことは漁業の分野においても援用できるであろう。

9 情報相談窓口の設置

帰農希望者としては，自分が希望する特定ルーラル地域における上記の支援体制について，その具体的内容をもっと詳しく知りたいはずである。その場合に問題になるのが，どこに行けばその情報が詳しく入手できるかということである。自治体のホームページで紹介していても，帰農希望者としては，やがて

自分がそこに住むことになることを考えると，やはり現地に赴いて情報を得たいと思うものである。

しかるに近年は市町村合併が進み，役場の担当部署が旧市町村の役場の跡に分散していることが多い。帰農担当部署に行こうとしても，カーナビでたどり着けないことも少なくない。

このような弊害を除去する為に，戦略的6次産業においては，そのような相談・情報提供窓口（無料）を，図表2－1に示すように，直売施設に隣接して設置し，最新の地図を用意して，訪問者に対しその用件に応じて，どこを訪問し，誰と面談すればよいか，的確な指示を提供するものである。

戦略的6次産業のミクロ的特徴

「戦略的6次産業」のモデルは，マーケティング戦略の概念と手法を援用したものであるだけに，マネジリアル・マーケティングの視点から見た特徴，すなわちミクロ的特徴もいくつか存在する。以下にその具体的内容について解説することにしよう。

1　製造業・小売業・サービス業のマーケティング戦略を一体的に展開

戦略的6次産業におけるリーダー企業は，第3次産業の経営体であり，基本的には農水産物の小売業と，サービス業に従事する。したがってそれが展開するマーケティングは，小売業および観光業のマーケティングである。

しかしながらリーダー企業は，前述のように特定ルーラル地域内の第1次・第2次・第3次産業間の垂直的マーケティング・システムにおけるチャネル・リーダーであるため，第2次産業（製造業）や第1次産業（農業・漁業）に対し，マーケティング戦略の見地から適宜，指示を出したり，何らかの統制を加えたりすることが必要になる。したがってリーダー企業は製造業のマーケティング（通常のマーケティング）の企画と統制も行うものである。

結果として戦略的6次産業のリーダー企業は，製造業のマーケティング，小売業のマーケティング，サービス業のマーケティングという3種類のマーケティングを同時に展開するという特色を有する。本書はそれを「戦略的6次産業型マーケティング」と呼ぶことにする。したがってそれが操作するマーケティング・ミックスは以下のような広がりを有することになる。
○　製造業のマーケティング・ミックス
　　①製品政策，②価格政策，③プロモーション，④プレイス（チャネルと物流）
○　小売業のマーケティング・ミックス
　　①品揃え，②付随サービス，③価格政策，④販売員，⑤販売促進，⑥立地，⑦店舗施設，⑧雰囲気，⑨情報システム
○　サービス業のマーケティング・ミックス
　　①サービス商品，②価格政策，③プロモーション，④プレイス，⑤担当要員，⑥物的環境要素（サービス業用の施設・機器等），⑦プロセス
このような3種類の産業にわたる混合型のマーケティング・ミックスを本書では「戦略的6次産業型マーケティング・ミックス」と呼ぶことにする。

2　競争戦略の展開

戦略的6次産業では，直売事業とサービス事業の両分野で，他の直売企業やサービス企業に対する競争優位性を打ち出すべく，競争戦略を展開する。ちなみに競争戦略とはマーケティング・ミックスに関する差異化を追求することである。

しかるにそれは製造業・小売業・サービス業を統合したマーケティングを展開するものであるので，リーダー企業が競争戦略を展開する場合は，上記の「戦略的6次産業型マーケティング・ミックス」に関する差異化を図ることになる。

そのなかのいずれにおいても，差異化の対象としては，製品を対象とするのが有効であることは既に指摘した。したがって直売事業の場合は製品政策と品

揃えの局面で,サービス事業の場合はサービス商品の局面に重点をおいた差異化を図ることになる。

より具体的に述べると,直売事業の場合は,スーパーが取り扱っている,野菜や果物およびその加工品の品揃えに加え,それぞれの地元の産業特性を活かし,地域の優れた特産品を追加するのである。例えば,取れたての魚介類とか精肉や酪農品の品揃えを厚くする。果物の場合は,メロン,梨,柿,マンゴー,パイナップル等,その地域ならではの特産品を強調する。加工品の場合は,梅を素材とするリキュールや,いかにも美味しそうな野趣溢れる「お弁当」や「お惣菜」など,シズル効果のある地域の名産品を開発し,品揃えの差異化を図るのである。

もう一つ直売事業で大切なことは,リーダー企業が,VMSのリーダーとして,農家・漁家（第1次産業）や,加工・製造業者（第2次産業）に対して,品質管理（特に安心,安全,新鮮,美味）を徹底するよう統制することである。しかもお手頃価格となるよう,指示を出す場合もある。

このことは地域観光事業のようなサービス商品についても同様である。他に見られないサービス商品の導入,例えば温泉,農家バイキング・レストラン,つり橋,体験農園等々の開発・導入・活用など,お客様にとって,より一層魅力的になるよう,地域特性を活かした差異化を図るのである。

サービス事業の場合は,担当要員の接客法が重要な差異化の手段になる。都市の顧客は非日常性や癒しを求めているだけに,感動を呼ぶような「おもてなし」の手法が求められるからである。

このように,直売事業,サービス事業いずれにおいても,まず製品差異化に重点をおき,市場特性に応じて,マーケティング・ミックスの他の要素についても差異化を図るべきなのである。

3　成長戦略の展開

リーダー企業には,成長戦略を企画・実践することが求められる。その理由は戦略的6次産業がゴーイング・コンサーンとして恒久的に存続・発展してゆ

かなければならないからである。

　第1章で提示したように成長戦略には，「製品領域」の3分野と，「市場領域」の3分野の組み合わせで，9通りの事業ドメインがある。リーダー事業にはそれを「直売事業」および「サービス事業」の両面において展開することが求められる。

　製品領域においては，当該地域で産出される生鮮農水産物を原材料とする，「延長製品」の開発が有利である。

　例えば当地が梅の産地であるとすると，生の梅を延長製品の「梅干し」に加工するなら，梅のままで販売する場合よりも3〜4倍の価格で売れ，しかも賞味期限や消費期限が生鮮の場合よりもはるかに長いので，流通経路を長くでき，遠く離れた「新規市場」の開拓が可能になる。しかも「梅干し」のような1.5次加工品の場合は，農家が家庭内で生産できるため，農家の取り分が大幅に増大することになる。この方策は「延長製品」×「既存市場・新規市場」であるので，「準多角化」である。

　当の梅を原料として延長製品の「梅リキュール」を生産する場合も「準多角化」である。

　さらに，もし当地が小麦やサツマイモの産地で，既に延長製品の「焼酎」を製造し，「市場開拓的多角化」を展開しているなら，その製造過程で出る搾りかす（廃棄物）に「野菜の切れ端」等を配合して，さらなる「延長製品」としての「豚の餌」を生産し，養豚業者という「新規市場」に販売することができる。この場合は新たな「市場開拓的多角化」を展開することになるのである。

　漁業の場合，本眼と一緒に網にかかった深海魚は通常，スーパー等では規格外ということで取り扱ってくれないため，船上で仕分ける際に海に投棄されてきた。しかしながらこれらのなかには，調理次第ですごく美味しい惣菜に調理できるモノがある。それらを開発して商品化することは漁家にとって新たな収入源となる。このような商品こそ，戦略的6次産業におけるリーダー企業が取り扱うべき商品なのである。このケースの場合は，いわゆる生産段階で発生した廃棄物を素材とする「延長製品」を，これまで対象にしてきた「既存市場」

向けの販売になるので「準製品開発」となる。

　リーダー企業はこのような「成長戦略」を次々と展開し，VMSのキャプテンとして，地域の農水産業の振興による，ルーラル地域の恒久的活性化を図るものである。

4　ターゲット都市の設定

　戦略的6次産業は，基本的に内発的発展論の概念に立脚するものの，多くの中山間地域で過疎化が進展していることから，地元市場を大切にしながらも，日帰り圏内の中核都市以上の都市（地方のブロック拠点都市すなわち地方中枢都市以上の大都市が好ましい）をターゲットとするものである。その理由は次の5点にある。

　第1は，本章の冒頭で述べた，「道の駅」の実態調査（2006年実施）で判明したことであるが，戦略的6次産業における「地元客」と「都市客」の割合は，約30%対70%とである。立地条件によって差はあるが，戦略的6次産業においては，都市からの顧客が大半を占めているのである。

　第2は，くちコミ効果を効率よく発揮するためには，ターゲット市場を特定した方が，情報の伝播効率が向上するため有利であるからである。

　第3は，大都市の住民ほど，ストレスから逃れ，田舎に癒しを求める傾向と，食品に鮮度を求める傾向が強いことにある。

　第4は，ルーラル地域という，高齢化と過疎化の進展によるシュリンク・マーケットを対象にしても経済効果が薄いからである。（Reddy, A.C. & D. P. Campbell, 1994）は，一国が経済発展するための方策として，日本が成し遂げた驚くべき経済発展の手法を紹介し，まず技術を徹底的に磨いて高品質・高性能の製品を製造し，それを国内市場に留めず，世界市場，特に購買力の旺盛な欧米市場に果敢に進出したことが最大の要因であることを説いている。

　すなわち農山漁村地域が経済発展を目指すなら，購買力の豊かな大都市の顧客層をメイン・ターゲットに設定すべきなのである。

　第5は，放置すれば高齢・過疎地となる運命の多くのルーラル地域に，明ら

かに大都市住民と分かる雰囲気の消費者が，その土地の質の高い農水産物の購入と，地域観光の目的で，素敵な車でにこにこしながら大勢やって来るのである。これによって，地域が賑わい，経済が活性化するようになると，当該地域住民の意識は否が応でも活性化してくる。

5　信頼される商品作りに努め，地元客も大切にする

　戦略的6次産業における地元市場の割合は，地域によって差があるが，約3割である。戦略的6次産業は，次の理由により，この3割の地元客も大切にすべきなのである。

(1)　地元客も，価値あるお手頃価格の食品を求めている

　農家・漁家を中心とする地元住民としても，獲れたてで，お手頃価格かつ安心・安全な食品に対する購買欲求は根強い。特に農家としては地元住民の監視の目がある中での農作業であるので，農薬や化学肥料の使用が適切にならざるを得ない。

　魚介類にしても特定地域の漁家が適切な漁法で水揚げした天然ものという安心感がある。

(2)　地元客が喜んで購入する姿は都市住民に対する商品保証

　ルーラル地域の直売施設で，その農水産品を地元住民が喜んで購入しているという実態は，都市の住民にとって，安心・安全・新鮮・美味という「商品価値」の保証書となるのである。

(3)　地元客がギフト商品として起用

　地元客に信頼され誇りにされる商品の場合は，地元住民が他地域に住む身内，友人，知り合い等に対して，ギフトを贈呈する際，真っ先にこの商品が選ばれることになり，販路の拡大がもたらされるであろう。

(4) 地元の買い物弱者の救済

　ルーラル地域には高齢の買い物難民が増加傾向にある。戦略的6次産業としては，それがソーシャル・ビジネスであるゆえに，これを放置するわけにはゆかない。お弁当をはじめ食品の宅配・移動販売事業（できればご用聞き）も展開すべきである。実はこれによって高齢者の安否伺いもできるからである。

　これは決して高収益事業ではない。しかしながら，それを実践する場合は，そのリーダー企業の企業価値が高まり，地元や都市住民の好意が高まることによって，直売所の収益が向上し，費用の吸収が可能になるのである。

　この場合，遠くて散在する各家庭に個別宅配をするのではなく，当該市町村内の各地区に設けられた公民館等を，時間を決めて受け渡しの場にすることにより，効率化を図ることができる。移動販売の場合も集落単位で曜日や時間を決めて行うとよい。なお，これに使用する車もEV車にすることが望まれる。

　それだけではない。宅配の場合はその帰りの便を使えば，高齢化により直売所に出荷できない農家・漁家の集荷・搬入が可能になる。

6　ターゲット都市とリレーションシップ・マーケティングの展開

　戦略的6次産業は，特定の「ルーラル地域」と「ターゲット都市」との間で，単なる供給者と顧客との関係を超越し，お互いをパートナーとみなして，恒久的な友好関係を継続実施するものである。単なる形式上の姉妹都市関係の枠を超え，当該都市住民が，特定の農家や漁家と提携して，日帰りまたは泊り込みで農業・漁業のお手伝い（実体験）をし，帰りに生鮮農水産物やその加工品をお土産に買って帰る。あるいは通常の休日には当該ルーラル地域の農家レストラン等で食事をし，帰りに生鮮品や特産加工品を購入する，という関係を維持し，それを自分の周囲にも広げるのである。

　酪農を含む農業や，水産加工を含む漁業のお手伝いをすることは，子供にとってストレス発散と，心身の健康，そして情操教育に大きな効果があるといわれている。このことは大人にも当てはまる。グリーン・ツーリズムの良さはここにあるのである。

さらにはリーダー企業の営業マンが，ターゲット都市の業務用顧客（レストラン，料亭，ホテル，居酒屋，給食設備ないし食堂のある学校・企業・公的機関，飲食料品製造業者等）と互恵的な取引関係を結び，お互いに相手にベネフィットを提供しあう関係を恒久的に実施するのである。

なお配送員が，そのような業務用顧客に農水産物を届けた後，調理の余材や残飯などを帰りの便で回収し，それを当該地域内で堆肥化し，農産物の栽培に用いるという循環体制を構築したり，都市住民向けに，農園の貸出し制度，棚田のオーナー制度，帰農を希望する都市住民の受入れ体制等を構築するなど，両者間で諸種の密接な交流事業を展開することなども，戦略的6次産業におけるリレーションシップ・マーケティングの一形態である。

ターゲット都市とこのような互恵関係を結ぶ場合は，当該都市の広報（例えば市政だより）のなかで，当該ルーラル地域の戦略的6次産業に関する情報を，適宜，記事として掲載してくれるであろう。

なお，このリレーションシップ・マーケティングの概念と手法は地元顧客に対しても援用されるものである。

7　多様なチャネル政策の展開

(1) アンテナ・ショップ

都市住民の大部分はほとんどの場合，農水産品やその加工品を市内のスーパーで購入する。マイカーで当該ルーラル地域の直売所まで頻繁にやってくることはない。その解決策は，当該ルーラル地域で販売されている産直品に対する，都市住民のアクセスを高めることである。そのため戦略的6次産業では，ターゲット都市内に，直営型ないし，イン・ショップ型のいずれかの形態で，アンテナ・ショップを設けるのである。直営型の場合は，できれば相乗効果を期して，それに隣接して農家レストランも兼業することが望まれる。

戦略的6次産業はこのように，「待ちの経営」に終始するだけではなく，ターゲット都市へのアンテナ出店の形で「攻めの経営」を展開するものである。

こうすることは，ターゲット都市住民の生の声を毎日収集でき（すなわち

マーケティング・リサーチが実践でき），それを直売事業やレストラン事業のマーケティング・ミックスの改良・改善に活かすという，いわゆるマーケット・インの機能が期待できる。

それに加え，アンテナ・ショップを通じて，都市住民に地域情報を積極的に提供することにより，当該ルーラル地域への観光入込みの促進を図ることもできる。

あるいは当アンテナ・ショップが，その利用客に働きかけて，当該地域の戦略的6次産業のリーダー企業が運営する「直売施設と飲食施設等」を含む，周辺地域の観光スポットをパッケージ化し，チャーターバス等による団体観光ツアーを企画・実践することが容易になる。

(2) サポート・ショップ制

サポート・ショップ制とは，ターゲット都市に立地する飲食店，居酒屋，飲・食料品店等のなかで，離島を含む特定の「農山漁村地域」で産出される生鮮食品やその加工品（ジュース，ジャム，パン，菓子類，日本酒，焼酎，リキュール等々）を積極的に販売してくれる業者を選定し，当該農山漁村地域の自治体がサポート・ショップとして認定する制度のことである。

認定されたターゲット都市の飲食店，居酒屋，飲・食料品店には，上記の自治体から，サポート・ショップ認定証，のぼり（店外に設置する60cm×180cmのものと，店内のカウンターに置く8cm×28cm程度のもの），ポスター，パネル等が提供され，さらに上記の自治体が開設しているホームページで，当該サポート・ショップの店名と住所，電話番号，地図などが紹介される場合が多い。

(3) 会員販売

会員販売とは全国に散らばっている当該市町村の出身者とファンを対象に，当該地域の会員を募集し，例えば年間3千円，5千円，1万円の3種類の会費（前払い制）で，それぞれの金額に応じた，季節感溢れる旬の地域特産品を宅配する制度である。

会員募集に関しては，インターネット（HP），当該地域の戦略的6次産業における直売施設内，ターゲット都市に設けたアンテナ・ショップ内で，ポスターやパンフレット，ちらし等で告知するという方法がある。ふるさと納税制度はこれの応用版であるといえよう。

(4) 通信販売
　それに加え，インターネット，電話，FAX等の手段で受注し，注文の農水産物とその加工品を宅配便でお送りする制度である。代金決済は「宅配時での代引き」，または「郵便振替」となる。

8　行政や団体による公的支援策の積極的活用
　戦略的6次産業は，その構築にはそれ相当の資本が必要であるので，国や団体が展開している各種支援策を積極的に活用するものである。

　ただし，行政や団体の支援策があるから，当事業を起こしてみようかという受身的・他力本願的な姿勢ではなく，まず当該ルーラル地域でのリーダー企業が，地域振興の青写真（グランド・ビジョン）と，その一環としての戦略的6次産業の具体的構想を持ち，その構築に要する資金の不足部分を行政の支援で賄うという自力本願の姿勢で臨むものである。

　行政による農山漁村地域の振興に関する支援策としては，例えば九州地域の場合，省・局別に次のような事業や，補助金・制度が用意されている。

1) 国土交通省・九州地方整備局関係
　　①社会資本整備総合交付金，②歴史的環境形成総合支援事業，③かわまちづくり支援制度

2) 国土交通省・九州運輸局関係
　　①ビジット・ジャパン九州地方連携事業，②九州観光まちづくりコンサルティング事業，③観光圏整備事業，④観光地域づくり実践プラン，⑤観光カリスマ塾，⑥九州遺産プロジェクト，⑦地域公共交通活性化・再生総合事業

3） 農林水産省・九州農政局関係

①広域連携共生・対流等対策交付金，②農山漁村活性化プロジェクト支援交付金

4） 経済産業省・九州経済産業局関係

①地域集客・交流産業活性化支援事業，②地域資源活用売れる商品づくり支援事業，③農商工等連携対策支援事業，④新連携支援事業，⑤新事業創出支援事業，⑥地域資源∞全国展開プロジェクト支援事業，⑦地域資源活用販路開拓等支援事業，⑧JAPANブランド育成支援事業，⑨地域団体商標登録制度

団体による農山漁村地域の振興に関する支援策としては，例えば「6次産業化ファンド」による出資制度がある。これは政府などが出資する「農林漁業成長産業化支援機構」が，地方銀行や企業などと共同で，全国の41箇所に設立したもので，2013年秋以降，運用が開始されている。九州地域の場合，既に次のものが同ファンドから出資を受けている。

① いずも食品加工（福岡県糸島市）：九州産の野菜を使った惣菜の生産（3,500万円）
② カゴシマバンズ（鹿児島県霧島市）：黒さつま鶏の生産加工（3,000万円）
等

9　行政との連携によるさらなる観光開発

戦略的6次産業は，地域内への大都市住民の入込みを，より一層推進するべく，リーダー企業と地方自治体等が連携して，常に新たな観光開発を積極開発するものである。大都市等，他地域の住民の継続的来訪を仰ぐには，旧態依然とした観光商品・施設では飽きられてしまうからである。

新たな観光開発を行う場合はMICEの観点から企画・実践するとよい。これはMeeting（会合），Incentive Tour（褒章旅行），Convention（見本市や大会），Event & Exhibition（イベントや展示会）の略であり，集客ビジネスを企画・実践する場合のキーワードである。

ルーラル地域でのMICEを含む観光開発としては，次のものが考えられる。

①別荘，②大学や企業のセミナーハウス・研修所，③企業等の保養所，④プロ野球等，プロ・スポーツのオフ・シーズン時でのキャンプ場，⑤キャンピング施設（キャンピング・カー用も含む），⑥貸し農園，⑦天然温泉，⑧つり橋（峡谷がある場合），⑨景観が堪能できる展望台，⑩その他

これらのなかには，地域によっては小学校の廃校等，既存の不要施設を改修することにより利用できる場合がある。そうすることは，費用の削減効果だけでなく，大部分が昔風の風情豊かな木造建築物であろうから，サービス業のマーケティング・ミックスにおける「施設（Physical Evidence）」の差異化手段になりうる。

その他，例えばJRと市町村が共同で，廃線となった鉄道路線，あるいは廃線予定の路線を活かし，各駅の旬の農水産物を素材とするグルメを，列車の中で提供する特別観光列車として再生している事例がある。この場合は広域レベルでの地域振興に貢献できることになる。

いずれにせよ，それらが完成した場合は，当該リーダー企業がその経営を受託するものである。

10　従業員のダイバーシティ化と地元住民の優先採用

なお戦略的6次産業は，農家・漁家の所得増加をテコとして，当該ルーラル地域の振興を図ることをミッションとするものである。そのリーダー企業が，従業員に地元住民を優先採用することは，彼らの家計収入の増加をもたらし，それだけ産直事業およびサービス事業の売上高の増加につながる。その結果，当該ルーラル地域の振興に貢献できるという好循環が発生する。ただし特異な能力や技能を要する職位で，地元に該当者がいない場合は別である。

それだけではない。地元住民を優先採用することは，当該市町村内の産直事業およびサービス事業にぬくもりが生じ，リーダー企業の従業員と地元顧客との間で，交流や，コミュニケーションが活発になり，戦略的6次産業に田舎独特の和やかさが醸成されるからである。そのことは都市部からの入込み客にとっては，心の癒しになるだけでなく，その農水産物に対する心理的付加価値

となり，彼らをリピーター客にさせる源にもなるのである。

　さらには先述の「宅配事業」を実践する場合，見知らぬヒトから宅配を受けるよりも，地域内の知人やその子女から受けるほうが，親しみと信頼感が増す。また宅配事業の派生的効果としての高齢者に対する安否伺いについても，より一層，心の通ったふれあいが展開されることになるであろう。

　それに加え，戦略的6次産業はソーシャル・ビジネスの一種であるので，従業員の採用に際しては，当該地域内の高齢者や身障者でも，働ける人々には十分なチャンスを与え，適材適所で配置し，彼らと彼らの家族に対して生甲斐と，安心感を与えるよう，配慮することが求められる。すなわち従業員のダイバーシティ化を図る必要がある。そのことは，リーダー企業の企業価値とブランド価値を高めることになり，顧客の同社に対する好意（Goodwill）の高揚と，リピーター化の推進という好結果をもたらすであろう。

おわりに

　「戦略的6次産業」の概念は，単なる1次・2次・3次産業を足し算，ないし掛け算の形で結びつけたものではなく，研究者たちが提唱する各種の理論と，地域振興の成功地域に共通して見られるエキス等を踏まえ，それを「マーケティング戦略」の観点から統合したものである。

　それは農家・漁家の所得と生甲斐の向上がもたらす，「農業」，「漁業」の活性化と，それによる農山漁村地域の振興をミッションとする，「ソーシャル・ビジネス」である。しかしながらその展開に際しては，上記ミッションの達成を究極の理念としながら，「マネジリアル・マーケティング」の手法を用いて，積極的かつ果敢にビジネスを展開するものである。

　ポイントはそれがVMSの一種で，第3次産業に属するリーダー企業の集客力と販売力が，第2次，第1次産業の活性化へと波及してゆくシステムになっていることである。したがってその成功の鍵は，当モデルにおける第3次産業の担い手であるリーダー企業が展開するマーケティング戦略の巧拙にかかっている。

　なお「戦略的6次産業」は，次の9項目におよぶマクロ的・構造

的特徴を有する。
　①第3次産業の経営体がリーダー企業となり，ソーシャル・マーケティング戦略を展開，②農水産物直売事業とサービス事業の複合体の形成，③リーダー企業を核とする垂直的マーケティング・システム，④ハーシュマンの「不均整成長論」を援用した動態的捉え方，⑤特定の市町村単位（行政単位）で設立される，⑥CVS等の併設によるミニ・ショッピング・センター化，⑦自然環境の保全とサステイナビリティに貢献すること，⑧帰農・移住・担い手承継等に対する支援体制の整備，⑨直売施設の近くに情報・相談窓口（無料）の設置。
なおそれは次の10項目にわたるミクロ的特徴も有する。
　①製造業・小売業・サービス業のマーケティング戦略を一体的に展開，②競争戦略の展開，③成長戦略の展開，④ターゲット都市の設定，⑤信頼される商品作りに努め，地元客も大切にする，⑥ターゲット都市とリレーションシップ・マーケティングの展開，⑦多様なチャネル政策の展開，⑧行政や団体による公的支援策の積極的活用，⑨行政との連携によるさらなる観光開発，⑩従業員のダイバーシティ化と，地元住民の優先採用。

コラム

感動的おもてなしの事例

　豆知識の続きで，ここではお客様の心が揺さぶられるような感動の事例についていくつか提示することにする。このことは「戦略的6次産業」の「リーダー企業」に対しても，直接的・間接的に当てはまることである。

（1）車の販売員A君

　自動車は新車で購入した場合，3年後に車検を受けなければならない。その後は2年ごとに受けることになっている。

　彼の勤める自動車のディーラーは，3回目以降の車検を受けることになっているお得意様の家を訪問して，モデルチェンジした新車の購入を勧めることにしている。

　1日20軒訪問することになっていたある日，某家を訪問した。奥様が応対に出てきて，「お宅の車は非常に性能が良いので，車検をもう2～3回受けてから買い換えようと思っている」ということであった。奥様は続けて「ちょうど良い時に来てくれました。ちょっと裏庭に来てくれますか」というので付いて行ってみると，飼い犬が子犬を7匹ほど産んで，乳を飲ませているところであった。

　次が奥様とA君の会話のやり取りである。「A君，1匹貰ってくれん？」，「奥様，僕は独身で，アパート住まいなのでとても飼うことができません」，「では誰かに頼んでみてくれません？」「分かりました。ちょっとお待ち下さい」。A君はそう言って，オフィスのデジカメを持ってきて，子犬の写真を数枚取り，オフィスで「可愛い子犬差し上げます」のポスターを，連絡先の電話番号をつけて何枚か作成し，近所の電柱や壁に貼って回った。

　1週間ほど経ったある日，例の奥様から電話で，「A君，有難う。おかげで子犬が全部はけました。今度コーヒーでも飲みにいらっしゃい」とのことであった。

　後日A君は，コーヒーをご馳走になろうと同家を訪れた。コーヒーを飲みながら，満面の笑顔の奥様いわく「A君，本当に有難う。今度契約書を持って来てちょうだい。車を買い替えることにしました！」

（2）大学教授Y

　著者が以前勤めていた大学は，3年編入制度を実践していた。毎年3月の終わりごろ編入試験があり，私の所属していた商学部でも，少数ではあるが合格者を受け入れていた。問題はゼミへの受け入れである。ゼミは毎年1月には受け入れの面接も済まし，既に合格者が確定しているのである。そこで3年編入生はゼミ紹介誌をよく読み，4月のはじめに希望ゼミの研究室を訪れて面接を受け，受け入れ許可を頂くことになっているのである。

　ある年の4月2日頃，1人の3年編入生が私の研究室を訪問してきた。福岡市の某女子短大を卒業して当大学の商学部に編入していたのである。面接してみると沖縄出身の，澄んだ眼をして非常に純粋，しかも自分の考えや気持ちをはきはきと伝えることのでき

る学生であった。もちろんその場で受け入れを決定した。実は私の「マーケティング戦略ゼミ」は結構人気で，毎年男女合わせて70人〜80人の応募があり，志望理由書と面接を総合して選抜し，毎年35人〜40人ほど受け入れていた。もちろん商学部の中では最多数の大人数ゼミであった。

　ついでに，私の担当する3年生対象のいくつかの専門科目（いずれも受講生の規模は300人程度）も受講登録するようにさせた。少しでも早く講義になじめるように，また私の眼が届くようにと，できるだけ前の席で受講できるよう，指定席を用意した。

　翌週から始まるゼミでも，彼女を私に最も近い席を用意し，みんなに紹介して仲良くするようにと告げた。彼女は4月中，ゼミはもちろん専門科目にも毎回きちんと出席し，順調に前期のゼミと講義が進んでいった。

　ところが5月初旬のゴールデン・ウィーク明けから，ゼミにも講義にもぱったり来なくなったのである。3週間も無断欠席である。思い余って私は電話で彼女を研究室に呼び出した。開口一番，優しく聞いてみた。「友達は出来たかい？」彼女いわく「いいえ，1人もできません」

　考えてみれば通常の入試で大学に入学した学生は1年次からの2年間で友達関係が出来上がってしまっているのである。おまけに友達同士でゼミに入っていることが多い。したがって友達の輪に入るには，かなり高い壁があるのであろう。

　少しばかり世間話をした後で，私は次のように切り出した。「分かった。今日から私が福岡のお父さんになろう。来週から週一回で悪いが，毎週火曜日にホカ弁を用意するから，研究室で一緒にお昼ご飯を食べよう」と。彼女は「本当ですか。私，怒られると思って来たのに，有難うございます」とかなり驚いた様子であった。

　それからというもの毎週，大学に出勤する前に，ちょうどその頃，大学下に出店してきたプレナスの「ホカホカ弁当」に立ち寄り，今日は「チキン南蛮弁当」，次回は「から揚げ弁当」，次は「幕の内弁当」と，彼女が飽きないように，できるだけ品を替えて用意した。家から毛布を持ってきて，「ホカ弁」が冷めないように，包むようにもした。

　毎週，毎週それが続いた。彼女はおかげで，ゼミも講義も毎回出席するようになった。おいしそうに食べながら，「先生，このお弁当のおかげで一週間のハズミがつきます」といって，にっこり笑ってくれた。

　無事大学を卒業し，彼女は福岡市にあるデパートの婦人服売場に就職し，毎日活き活きと働いている。後で彼女は「先生のお弁当が無かったら，私は間違いなく退学していたと思います」といっていた。

　このことは，私が大学で教鞭をとった40年間で，最もすがすがしく気持ちの良い出来事であり，1人の人間の将来を救うという，小さな大事業をしたな，と思い出すたび満足感に浸っている。

　時々彼女から連絡があるが，「お客様に心のこもった応対ができるように心掛けている」という。最近，接客した長崎のお客様から，お礼状とカステラが送られてきたそうである。それを聞いて私は，「感動のおもてなし」のDNAが彼女に伝わったな，としみじみ嬉しくなった。

「道の駅」うきはのファサード

第3章

「道の駅」の概念とその経営特性およびその経済効果

現在，わが国の農山漁村地域において，幹線道路脇に設けられた「道の駅」が盛況をみている。本章は，その「道の駅」が展開する農水産物直売事業（直売事業）や，飲食事業や地域観光事業のような（サービス事業）に焦点を当て，その事業経営の本質について，特に国家や地域の経済発展にも貢献するといわれるマーケティング戦略の視点に立ち，マクロ的・ミクロ的分析を通じて，その解明を図ることを目的とするものである。

1 「道の駅」の概念と設立・運営に関する特徴

1 「道の駅」の意義と機能

長距離ドライブが増え，女性や高齢者のドライバーが増加するなかで，道路交通の円滑な「ながれ」を支えるため，一般道路にも安心して自由に立ち寄れ，利用できる快適な休憩場所としての「たまり」空間が求められている。

また，人々の価値観の多様化により，個性的でおもしろい空間が望まれており，これらの休憩施設では，沿道地域の文化，歴史，名所，特産品などの情報を活用し，多様で個性豊かなサービスを提供することができる。

さらに，これらの休憩施設が個性豊かなにぎわいのある空間となることにより，地域の核が形成され，活力ある地域づくりや道を介した地域連携が促進されるといった効果も期待される。

こうしたことを背景として，道路利用者のための「休憩機能」，道路利用者や地域の方々のための「情報発信機能」，そして「道の駅」をきっかけに地域内の産業間が連携するとともに，地域と地域とが手を結び活力ある地域づくりを共に行うための「地域連携機能」の3つの機能を併せ持つ施設が「道の駅」である。

　建設省（現在は統合されて国土交通省）は，1992年の「道の駅」に関する実験や，その後の数々のシンポジウムや懇談会を経て構想を練った後，1993年（平成5年）4月，全国にある類似施設のなかで，以上の条件に合う103軒の施設を選定し，「道の駅」としての登録申請を受け付けた。これが「道の駅」の始まりである。それ以降同省は，「道の駅」の登録申請を随時，受け付けている（建設省道路局監修　1993）。

　そのような意図の下に，わが国農山漁村地域に設立された「道の駅」が盛況である。「道の駅」とは「道路利用者に，快適な休憩と，多様で質の高いサービスの提供を目的に，国道および主要県道に面して設けられた，休憩機能，地域や道路に関する情報提供機能，地域振興機能という3種類の機能を一箇所に集約した駐車場つきの施設」である。

　より具体的には，①トイレ休憩，②飲食休憩，③道路情報提供，④地域案内情報提供，⑤地域物産の直売（地域振興），という5つの機能を有するものである。

　その機能を果たすために必要な具体的施設として次のものが整備される。すなわち①駐車場，②清潔なトイレ，③公衆電話，④道路情報提供施設，⑤地域情報提供施設，⑥飲食施設，⑦地域の農水産物やその加工品を提供する産直販売所，の7施設である。なおそのなかの①，②，③は24時間利用可能なものでなければならない。

　なかにはドライバーに対する休憩機能として，⑧温泉や，⑨宿泊施設を設置する「道の駅」もある。さらにはコンセプトや地域特性に応じて⑩子供向け遊具施設，⑪観光農園，⑫農業公園，⑬水族館，⑭郷土資料館や美術館などを併設するところもある。

2　「道の駅」の設立と構造に関する特性

(1)　戦略的6次産業の一形態

「戦略的6次産業」の概要と特性については既に本書の第2章で提示済みであり，そのビジネス・モデルは図表2-1のとおりである。

しかしながら読者の理解促進を図るため，ここで再度そのポイントを箇条書きで提示することにしよう。

① 農家・漁家の所得と生き甲斐の向上を図り，農業・漁業と農山漁村地域（ルーラル地域）の振興に貢献することを究極任務（ミッション）とする。

② したがってそこでは「ソーシャル・マーケティング戦略」が展開される。ただし上記ミッションのよりよき遂行（特に農家・漁家の所得と生き甲斐の向上）のため，営利活動も展開されるものである。

③ したがって，ソーシャル・ビジネスの理念のもとで，マネジリアル・マーケティング戦略の手法も援用される。

④ それは行政単位ごとに設けられるものであり，当該市町村とその近郊および圏域の大都市をターゲット市場とする。

⑤ 地域内の農水産品を出発点として構築された第1次，第2次，第3次産業のバリュー・チェーンを形成する。

⑥ 第3次産業としては，直売事業（地域内の農水産物直売所での小売販売と，地域内およびターゲット都市の事業所を対象とする卸売販売）と，サービス事業（飲食事業，温泉事業，宿泊事業，レジャー・娯楽事業，グリーン・ツーリズム等）を含むものである。

⑦ 第3次産業の中の産直事業を運営する経営体がリーダー企業となり，第2次，第1次産業を統合した地域ぐるみの，垂直的マーケティング・システム（VMS）である。

⑧ 第3セクターの法人，もしくは農協・漁協など，いわゆるソーシャル・ビジネス組織（SBO）がリーダー企業となる。

⑨ リーダー企業の売上高に応じて，農家・漁家の所得が高率で増加する仕組

みを有する。
⑩ 支援機関として地方自治体や商工会，観光協会，地域住民等を巻き込んだ土着で地域ぐるみの内発的産業である。

「道の駅」が展開する事業は，「戦略的6次産業」に固有の上記特性と重なる部分が多い。したがって「道の駅」はまさに「戦略的6次産業」の一形態であるといえる。

(2) 国土交通省と地方自治体の協力の下で設立

道の駅の設立とその経営はさまざまな機関や団体の協力によって行われる。まずその設立に当っては通常は，道路管理者である国土交通省と，市町村が連携して行われる。まず立地の選定は各市町村が行うが，施設については両者が役割を分担して行う。

すなわち道路情報提供施設，トイレ，駐車場の主要3施設および休憩所や園地等については国土交通省がその整備を担当する。

第2トイレ，第2駐車場，地域振興施設（農産物直売所，レストラン，観光施設，地域案内情報提供施設等），公衆電話（郵政省の協力のもとで）など，については市町村主導で整備することになっている（図表3－1参照）。

図表3－1　道の駅の設立における国交省と地方自治体の担当部分

国交省が整備	市町村が整備
（道路情報・休憩施設）	（地域振興・休憩施設）
駐車場	農水産物直売施設
トイレ	レストラン
道路情報提供施設	地域情報案内所
休憩所	イベント広場・公園
園地　など	郷土資料館・美術館
	宿泊施設
	第2駐車場
	第2トイレ
	公衆電話　など

出所：国土交通省道路局監修（1993）

道の駅によっては，以上の施設を全て市町村が行い，条件が整っておれば，国土交通省がそれを認可するという方式がとられる場合もある。
国土交通省と市町村が連携して施設を整備する場合は「一体型」，上記のように，市町村が「道の駅」に必要な施設の全てを整備する場合は「単独型」と呼ばれる。

市町村が整備することになっている地域振興施設（農産物直売所，レストラン，地域観光施設等）については，周辺の同様の施設や総合スーパー等との競争を考慮したうえで，いかにすれば集客力を高め，売上高を高めることができるか，その仕組みづくりをマーケティング戦略の見地に立って行わなければならない。この段階における市町村長のマーケティング・ビジョンの特性と的確性が，「道の駅」の施設内容と設立後の売上高に大きく影響することになる。

(3) 設立後は地方自治体が引き受け，運営会社に経営を委託

こうして設立された「道の駅」の運営は市町村にそっくり委託される。すなわち市町村がその設置者となるのである。市町村としてはその経営管理を実践する部署と人材を有していないので，通常その運営会社として，第3セクターの株式会社を設立し，経営を委託するのである。多くの場合，市町村長がその運営会社の代表取締役社長（駅長兼任）に就任する。ただし非常勤である。

これでは運営会社に常勤の経営管理者が不在なので，常勤の「支配人」を置き，この「支配人」を実質的経営管理者として，「道の駅」が運営されることになるのである。ただしこの「支配人」という名称は固定されたものではなく，地域によっては「店長」，「館長」，「事務局長」など，さまざまな呼称が用いられている。

第3セクターの株式会社の場合，通常は役場が資本金の約80％を出資しており，圧倒的な筆頭株主である。それだけに非常勤とはいえ，代表取締役社長兼駅長である市町村長は，取締役会や株主総会で強大な発言権や決定権を有するので，この「支配人」は「道の駅」の設置者である市町村長から顕在的・潜在的に支配されることになる。

地域によっては，市町村長，ないし副市町村長が，平の取締役（非常勤）に就任し，常勤の実質的経営管理者として，民間企業等出身の人物を代表取締役社長兼駅長に据えるケースもある。この場合でも上記の理由で，その代表取締役社長兼駅長は，市町村長から顕在的・潜在的に使配されることになる。
　すなわち「道の駅」の設立時における，ポジショニングやコンセプトといった大局的なマーケティング・ビジョン，すなわちマーケティング戦略の最も重要な部分は，市町村長が策定して決定しており，それに応じて「道の駅」の設備施設やレイアウト等は出来上がることになる。
　実質的経営管理者がそれを受けて，「道の駅」を運営することになる。運営がスタートしてからは，「道の駅」の設置者である市町村長と，その運営会社の責任者である実質的経営管理者がコミュニケーションを密にして，その経営戦略を企画・展開することが求められる。
　したがって「道の駅」の栄枯盛衰は，この市町村長と実質的経営管理者のマーケティング戦略を中心とする経営戦略やマネジメントの巧拙にかかっているのである。
　なお市町村（設置者）から経営を委託される「運営会社」は，第3セクターの株式会社だけでなく，農協や民間企業等がその任に着くこともある。いずれにせよ市町村側としては「運営会社」にその経営の健全化を期するため「指定管理制度」を設け，例えば5年間という期限付きで「道の駅」の運営を委託するようにしている。もちろん順調に経営されている場合は契約更新が行われるのである。
　さらにこの運営会社は，出荷者（農家や漁家の団体）と密接な連携を保つことによって，農産品の販売を行うことになる。つまり出荷者は自分の農水産物を毎朝，バーコードを添付して「道の駅」の売場に搬入する。夕方になると，戻ってきて売れ残り品のなかで，生鮮品や賞味期限の近い加工食品を全て搬出することになっている。このようにして「道の駅」は食品の鮮度維持を図っているのである。
　いずれにせよ，運営会社の実質的経営管理者は，「道の駅」の繁栄のために，

この出荷者とよく話し合い，必要に応じて指示を与えながら，日々，よく売れるためのマーケティングを展開するのである。

(4) 設置軒数

一般社団法人九州沖縄道の駅ネットワークの資料によると，道の駅は2015年4月現在，全国で1,059箇所ほど設立されており，2007年3月現在の858軒と比較すると，8年間で201軒も増えている（増加率23.4％）。第1号店が設置が22年前の1993年であったので，年間平均約48軒ずつ増えたことになる。

ちなみに九州・沖縄地域での設置軒数は，2015年4月現在，129軒にのぼり，そのシェアは全国の12％強を占める。2007年3月現在では94箇所であったので，8年間で35箇所も増えている（増加率37.2％）。

このように九州・沖縄地域においては，その増加率は全国平均の2倍弱に上っている。その理由は九州・沖縄地域が農業地域であり，その産出額は全国の20％程度にのぼるほどであることと，南国であるため雪に降り込まれることがなく，人々が1年を通じて車で移動できる環境にあることなど，があげられよう。

「道の駅」の経営に関する特徴

1　直売事業とサービス事業の同時展開

「道の駅」の多くは地域農水産品の直売事業と並行して，地元産の素材をふんだんに使用した飲食事業（すなわちサービス事業）を，直営方式またはテナント方式で併業している。その形態はフードコート，農家の主婦による手作りのバイキング方式，あるいは料理人による方式など，実にさまざまである。

中には，それに加えて，温泉事業，吊橋，農業公園，親水公園，宿泊施設，体験工房等のうち，1つまたはいくつかを地方自治体が開発し，その経営を「道の駅」の運営会社に委託しているところも少なくない。

いずれにせよ彼らは上記のサービス事業を並行して経営し,「道の駅」の集客に対する相乗効果（シナジー効果）の推進を図っている。そのことは直売事業に対するプロモーション機能として作用し，結果として農水産品の売上高の増大と，それに連動して農家・漁家の所得の増大をもたらすものである。

　一例をあげると，福岡県の某「道の駅」はテナント数店によるフードコートを有し，かつ隣接地で直営の温泉事業を展開している。温泉事業とフードコートおよび直売事業がそれぞれシナジー効果をもたらし，特に直売事業は周辺に立地する2軒の「道の駅」の2倍以上の売上高を誇っている。これに温泉事業収入〈直売事業収入の約4分の1〉が加わるので，直売事業だけでもその総売上高は，同周辺2軒の「道の駅」の約3倍に上っている。

2　MIS（マーケティング情報システム）の導入・活用

　「道の駅」は必ずPOSレジを起用する。「道の駅」の場合，このPOSシステムは単なるレジ作業の効率化に寄与するだけではない。MIS（マーケティング情報システム）として機能しているのである。MISとは「マーケティング意思決定者に必要な情報ニーズを正確かつタイムリーに収集，選別，分析，評価，分配するための人員，機器，手順のこと」である（Kotler, P. 恩蔵直人監修，月谷真紀訳　2001）。

　すなわちPOSレジにより単品管理が可能であることから，農家・漁家に過去の同月同日における品目別売上情報と，現在の在庫情報をリアルタイムで提供できるのである。そのため出荷者にとっては，次に示すような高度で巧みな物流機能の遂行が可能となる。

① 　出荷者は，「道の駅側」のPOSデータによる当日の品目別売上予測に基づき，毎朝7：00頃自ら商材を搬入し，搬入口に設置されている機材でバーコードを添付し，売り場に陳列する。

② 　出荷者は日中，日に3回，多いところで日に4回（11：00, 13：00, 15：00, 17：00）にわたり，POSと連動した携帯電話のメールを通じて，自分の持ち込んだ商品の販売状況（すなわち在庫の状況）が送られてくるので，

必要に応じて補充のための搬入を自ら行うことができる。
③　出荷者は夕方5時に（季節と地域により閉店時間は異なる），自ら，その日に搬入した生鮮品の売れ残り分と，賞味期限の近い商品の搬出を行う。特に鮮魚と葉物野菜は毎日，果物は2日後，根モノ野菜は3日後に，売れ残り品を一掃する。これを1：2：3の原則という。出荷者がその搬出に来れない場合は，取り決めによって，道の駅の従業員が試食の名目で持ち帰ってよい駅もある。このことが「道の駅」の生鮮品が極めて鮮度が高く，賞味期限を過ぎた商品が無い，一番大きな理由である。
④　翌朝7：00頃（季節と駅により時間は若干異なる），朝獲り商材をバックヤードに搬入し，バーコードを添付して売場に陳列する。

換言すると，POSや携帯電話というハイテク機器と，出荷者の肉体労働との連携のおかげで，高鮮度の商材の毎日供給体制と，確実で迅速な在庫補充体制が確立されているのである。経営効率は極めて高い。しかも顧客は，いつ来ても常に鮮度の高い，旬の商品が入手できる。そのことは彼らに感動を与え，熱烈なファンが増加することになっているのである。

それだけではない。POSレジのおかげで，出荷者は売り場に立つ必要はなく，農作業に精を出すことが出来る。しかもお客様は気軽に来店し，セルフ・サービスで自由に購入できるというメリットが生まれるのである。

もし出荷者が各売り場に立って相対販売をするとしたら，どうなるであろうか。顧客と出荷者（九州の場合，平均で300人前後）で，売り場は立錐の余地もなくなり，身動きが取れなくなるであろう。さらに出荷者が売りたい一心で押し付け販売を行うこともありうるから，顧客の「道の駅」離れが起こることも十分ありうる。

しかもPOSを起用することにより，出荷者一人ひとりの売上高が毎日正確に把握できるので，彼らが受け取る収入の配分と振込みが，正確かつ迅速に行えるのである。まさにPOSは「道の駅」の経営にとっては不可欠なハイテク装置なのである。

3 ソーシャル・ビジネスを理念とし，マネジリアル・マーケティングも実践

「道の駅」の 経営目的（主たるミッション）は「ドライバーの安全・快適な運転に資することと，農業・漁業の活性化による農山漁村地域の振興」にあり，営利の追求・蓄積は2の次である。販売価格の85％が農家・漁家に還元されるのはそのためである。しかも得られた利益は，上記ミッションのよりよき遂行のために使用される。

生産者にとって，取り分が85％ということは，彼らに大きなモチベーションをもたらす。ルーラル地域における農家・漁家の大幅減少，後継者難，高齢化といった由々しきの問題の主たる要因が，農業・漁業の所得の低さにあったことを鑑みると，「道の駅」から得られる収入は彼らにとって，就業意欲や定住意欲の高揚はもとより，それが招来する農業・漁業の振興およびルーラル地域の活性化をもたらすことになるであろう。

このことから，「道の駅」の事業スタンスは，ミッション遂行型であり，それはソーシャル・ビジネスの一形態であるといえよう。

ただし「道の駅」の売上高が高まれば高まるほど，農家・漁家の収入が高率で増加する仕組みになっている。その結果，彼らの収入増加を目指し，売上高の大きい「道の駅」ほど，攻めの経営に徹し，マネジリアル・マーケティングの手法を積極的に企画・実践している。かくて多くの「道の駅」の運営会社は，ソーシャル・マーケティングとマネジリアル・マーケティングの融合を図っているのである。

4 地域特産品の「道の駅」間での相互交流

新しいマーケティングの手法の一つに，リレーションシップ・マーケティングという概念がある。この概念の基本は「買い手がモノを購入する際に，売り手に伝えなければならない多くの要望を出す手間を省くこと。つまり，毎回の取引のたびになされる丁々発止のやり取りをしなくてすむように，売り手と買

第3章 「道の駅」の概念とその経営特性および経済効果

い手が協力し合うこと」である。

　しかるに「道の駅」は日本政府と地方自治体による共同設置であり，その運営会社の大部分は，地方行政が関与した第3セクターによるものである。このことは消費者に商品の品質に対する大きな安心感・信頼感を与える。しかもその直売所で販売される商品のほとんどが地元産である。さらにこれまで，地元産の鮮度の高い生鮮青果物・鮮魚およびその加工品に，生産者の名前を（場合によっては顔写真まで）添付し，信頼のおける形で提供し続けてきた。したがって買い手である都市住民，とりわけ家族の健康に大きな関心を有する主婦層にとって，「道の駅」での食品購入は，より一層の安心感と信頼感を伴うものなのである。

　すなわち丁々発止のやり取りなどを不要にさせることにとどまらず，彼らの中に多くの熱烈な「道の駅」ファンを排出してきた。このことは農家・漁家と都市住民との間に，一種のリレーションシップ・マーケティングが展開されていることを意味する。

　しかもそのことによって，都市住民の間で「道の駅」ブランドが確立しつつあると見てよい。その結果，異なった地域の「道の駅」間での，特産品の相互交流が進みつつあり，中山間地の「道の駅」で，海辺の「道の駅」の商標の着いた，新鮮な魚介類の加工品等が販売され，同様に海辺の「道の駅」で新鮮な山の幸が販売されるようになってきている。

5　市町村と「道の駅」間における連携組織の設立・活用

(1)　「道の駅連絡会」と「道の駅向上会議」

　「道の駅」全体の質を高め，適切に運営されるためには，その設置者である「市町村」と，道の駅の経営管理を担当する「運営会社」との密接な連携が必応である。そのための連携組織として，市町村長を会員とする「道の駅連絡会」と，運営会社の代表者（駅長や支配等）を会員とする「道の駅向上会議」が組織されている。

　その仕組みについてはブロック（北海道，東北，関東……）ごとにその形態

や呼称が微妙に異なるので,九州・沖縄ブロックにおける現状について解説することにする。

「道の駅向上会議」は「道の駅連絡会」の諮問機関として,「道の駅」全体の質の向上を図るために,利用者や運営者のニーズを把握し,「道の駅」のサービス向上や施設の整備・運営に関する改善案を策定し,「道の駅連絡会」の会長に答申するものである。

当「道の駅向上会議」は定例会を年2回開催することになっており,その下に各県単位で「県向上会議」を設置し,定例会を年4回程度開催することになっている。

「市町村」と「運営会社」はこのような仕組みの連携組織で県単位,およびブロック単位で結びついている。

なお,「道の駅向上会議」では,次の5つのテーマ別に分科会が設定され,各県と事務局でテーマを分担して取り組んできた。

① 利用者へのサービス強化と彼らのマナーアップ
② 特産品の推進(認定,開発,フェア開催等)
③ 販売促進(道の駅商品券の発行,イベント,スタンプラリー等)
④ 情報提供(県内「道の駅」観光マップ作成,連絡会HP開設,情報提供施設の改善)
⑤ 教育・研修(従業員の交換・研修,専門家による従業員研修等)

(2) 一般社団法人九州沖縄道の駅ネットワーク

この組織は九州と沖縄地域における「道の駅連絡会」の運営,特に「道の駅向上会議」の運営を行う「事務局」として設立されたものである。ただしそれは「道の駅向上会議」のように,内部メンバーだけの組織では十分に実現できない事業について,外部の専門家や事業者と手を組むことによって,その実現を図ることも目的とするものである。

そのため,SBOの一形態である一般社団法人の「九州沖縄道の駅ネットワーク」が設立され,次の6つの事業が積極展開されている。

① 共通商品供給

九州・沖縄の「道の駅」共通のオリジナル特産品を開発し，九州・沖縄のすべての「道の駅」で販売する。現在，同ネットワークは，2014年度に，九州・沖縄8県の代表的「緑茶」をブレンドしたPB商品「茶の道の駅」をOEMで開発し，九州・沖縄の「道の駅」で販売している。そのほか交通安全のような何らかのテーマ性を有する商品の開発・販売も行っている。現在既に，交通安全を期して，「眠気覚まし」が販売されている。

② 物産交流支援

「道の駅」が地元で調達できない商品や，地域内の生産が減少する時期に対応して，「道の駅」相互の交流による品不足の穴埋めを推進する。これまでは，前項5で提示したように，一部の「道の駅」が自分達で実施してきたが，これからは「九州沖縄道の駅ネットワーク」も商品交流を推進すべく，地域物産交流の中継機能を遂行する。それも九州沖縄地域に限定しないで，全国の他の生産地との物産交流支援を推進することになっている。

他地域の物産を販売する際には「駅長お奨めシール」を作成し，商品に添付することになっている。

③ 消耗品供給

「道の駅」で使用する消耗品（たとえばレジ袋など）について，九州・沖縄の全「道の駅」が使用する分を「同道の駅ネットワーク」が一括して製造委託し購入することにより，規模の利益による安価供給を行う。そのほか弁当容器や抗菌剤など，出荷者（農家・漁家）が商品作りに使用する消耗品についても同様の手法により低コストで調達し，「道の駅」を通じて彼らに安価販売する。現在，レジ袋事業が実行されている。

④ プロモーション支援

「道の駅」のプロモーション活動に対する支援で，道の駅スタンプブックや広報誌，さらにはホームページ等に関する製作・デザイン・出版・管理とか，道の駅弁フェアの活性化等を展開するもので，現在のところ既に，「高校生駅弁フェア」が開催されている。

⑤　情報・調査・経営支援

「道の駅」の経営実態調査を行い，調査データを収集・分析・整理してデータバンクの構築・整備を試みている。また必要に応じてマーケティングをはじめ，経営改善全般に関する専門のアドバイザーの派遣や，従業員をはじめ駅長や支配人対象の教育・訓練による能力開発を行う方針で活動している。

⑥　設備機能の高度化支援

「道の駅」諸施設の老朽化の現状や，機能高度化の必要性（たとえばLEDへの移行とか，防災設備の設置）について調査研究し，各駅に対する改善・および高度化の提案を行う。さらには電気自動車の普及を見込んだEV充電設備等，先進設備の設置を，補助金を活用して，あるいは「道の駅」に関連する他の企業と共同して積極的に推進する。これに関しては既に，「災害救援ベンダー」の設置，「EV充電設備」の推進活動が実行されている。

「道の駅」が地域経済にもたらすベネフィット

筆者は2007年に，九州・沖縄地域における，第3セクターの株式会社が運営する「道の駅」を対象に，経営実態調査を行った。本章で提示する数値は同実態調査で得たデータの分析結果である（拙著　2008ａ）。まず年間売上高からみてゆこう。図表3－2はその分布であり，総平均値は約330百万円である。本章はこの分布から標準偏差値を算出し，総平均額と0.6σを基準に，ABCDの4グループに分け，各グループにおけるマーケティングを中心とする経営実態について考察したものである。

4グループの各軒数と売上高規模は，それぞれ以下のとおりである。

　　グループA：6軒，平均年間売上高8.3億円
　　グループB：7軒，平均年間売上高4.2億円
　　グループC：9軒，平均年間売上高2.7億円
　　グループD：13軒，平均年間売上高1.3億円

以下，グループA，B，C，Dごとにその特色を考察することにする。まず，これにより出荷会員である農家・漁家の収入からみて行くことにしよう。

図表3-2 売上高分布グラフ（九州の道の駅・第3セクターのみ）

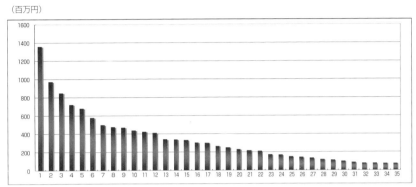

1 農家・漁家の所得の大幅向上

実は「道の駅」で販売することにより，農家・漁家の所得は図表3-3に見るように大幅に増加する。

図表3-3 道の駅・出荷会員年間平均販売額（農家・漁家）

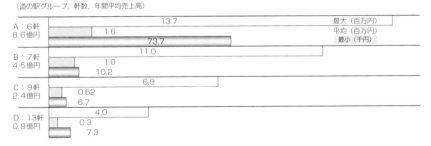

図表3-3が示すように，「道の駅」のグループ別には，A：8.6億円，B：4.5億円，C：2.4億円，D：0.9億円）と，特にA・B両グループの売上高はかなり大きく，それだけ，農家・漁家にかなり大きな収入をもたらしているのである。ここでその実態をみてみよう。

同図表に示すように，出荷会員の中での年間最大売上高を達成している農家・漁家をグループ別平均値でみると，グループA：1,370万円，B：1,100万円，C：690万円，D：400万円と，相当の額に上る。出荷者は各自の売上高の85％程度が還元されることになっているので，彼ら農家・漁家の手取りはそれぞれ，A：1,164万円，B：935万円，C：587万円，D：340万円，である。

農家・漁家の年間平均販売額をグループ別の平均値でみると，それぞれ，グループA：160万円，B：100万円，C：60万円，D：30万円となる。彼らの手取り額は総平均額で63.1万円（グループ別にはA：136万円，B：85万円，C：51万円，D：26万円）である。

彼らはこれまで行ってきた農協・漁協への出荷による流通パターン（この場合，彼らの取り分はスーパーでの販売価格の35～40％程度である）に加えて，高収入になる道の駅への出荷も行っているので，道の駅で販売することは，彼らにとって総収入の増加に大きく貢献しているのである。

2　地域経済の高揚

「道の駅」に登録しているグループごとの平均出荷会員（農家・漁家）の数は以下のとおりである。

　　グループA：424人，B：262人，C：286人，D：173人

これだけの数の農家・漁家（第3セクターの道の駅35軒だけでも約9,200人）が，「道の駅」で自分達の農水産物を販売することにより，前出の図表4－3でみたように，かなり大きな副収入を得ているので，九州・沖縄地域全体における彼らの消費購買額は莫大な額にのぼる。

さらに「道の駅」におけるグループごとの平均従業員数は以下の通りである。

　　グループA：33.5人，B：32.4人，C：22.1人，D：18.5人

すなわち「道の駅」1軒平均25人の従業員を雇用していることになる。九州全体の「道の駅」の数は2008年現在で115軒であるので，九州全体では2,875人の雇用（すなわち所得）が発生していると推測でき，それだけ各地域における所得は増大する。

3 農山漁村地域における賑いの創出

「道の駅」での年間レジ通過客数はというと，A：65.3万人，B：42.6万人，C：26.4万人，D：12.8万人と，かなりの人数にのぼる。しかも地域住民にとっては，都市の住民が新鮮な農水産物を求めて殺到し，農家が手塩にかけて作った農産品，あるいは漁家が苦労して獲ってきた魚介類を，ニコニコ顔で購入する姿を目の当たりにすることができるのである。

買い上げ客以外の人数を含めると，地域への入込み客数はさらに増えるので，「道の駅」は中山間地域等，ルーラル地域の賑いの創出に大きく貢献する。このことは，ともすれば過疎化の進展の中で意気消沈になりがちな，ルーラル地域における農家や漁家をはじめ，地域住民の意識の高揚にかなり役立っているといえよう。

4 農家・漁家の活力の高揚

これらの結果，農家・漁家は「道の駅」で販売することによって相当「活力」を得ているようである。図表3-4はその実態を如実に物語っている。

図表3-4 道の駅がもたらす農家・漁家の活気

グループ(軒)	極めて大 軒(＋2)	やや大 軒(＋1)	普通 軒(0)	あまり無い 軒(－1)	全く無い 軒(－2)	加重平均★ (ポイント)
A (6)	5	1				1.83
B (7)	4	3				1.57
C (9)	5	2	1	1		1.22
D (13)		2	7	2	2	△0.31

★ ポイント数に軒数を乗じて算出した平均値。(例) Aの場合：(2×5＋1×1)÷6＝約1.83

平均年間売上高1.3億円のDグループ（13軒）は別として，A・B・Cグループ（計22軒）における農家・漁家は，相当の活気を呈している。本節のはじめに紹介したように，Aの年間平均売上高は8.3億円，同じくBは4.2億円，Cは2.7億円，Dは1.3億円である。これと，農家・漁家の「道の駅」での平均年間販売額と，農家・漁家の活気の程度を並列に並べてみよう。

グループ	A	B	C	D
平均年間売上高（億円）	8.3	4.2	2.7	1.3
農・漁家の平均販売額（百万円）	1.6	1.0	0.62	0.3
活気の加重平均（ポイント）	1.83	1.57	1.22	△0.31

　この一覧表から分かるように，売上高の大きい「道の駅」ほど，そこに出荷している農家・漁家の年間販売額も大きく，それに照応して彼らの「活力」も大きくなるのである。

　一応の目安として，九州・沖縄地域における「道の駅」としては，農家・漁家の「活力」増進を図るためには，年間約3億円以上の売上高を達成すべきであろう。

　現に大分県の旧大山町（現在同県日田市の一部）においては，農協系の「農産物直売所」（バイキング方式の農家レストラン付）の「木の花がルテン」と，「道の駅」水辺の郷が併設され，いずれも活気を帯びている。

　当地の農家は両方に出荷していることもあり，年間家計所得が1,000万円以上の家庭が150軒以上，中には同2,000万円以上の家庭が数件存在するようになっている。その結果，農業の後継者が少しずつではあるが出現してきているのである。

　旧大山町のこの事例は突出した例であるかもしれない。しかしながら「道の駅」事業は，例えば農家・漁家の所得の大幅向上，地域経済の高揚，ルーラル地域の賑わいの創出，および農家・漁家の活力の高揚をもたらすものである。そのことは，農家や漁家の農業・漁業に対する就労意欲に弾みを付け，農業・漁業そのものの活性化に貢献し，それだけわが国における食料自給率の維持・高上に貢献することになると考えられる。

それだけではない。このことは高齢化の進む農家・漁家をはじめとするルーラル地域住民の健康の維持・向上に役立つはずである。そのことは地方自治体の医療費予算の軽減をもたらし、財政面での改善にも貢献することになるのである。

「道の駅」がマーケティング戦略をより高度に、かつ積極的に展開するようになると、上記のベネフィットがより一層増幅し、農山漁村地域がさらに活性化して、農業・漁業の後継者難が軽減されるのではないだろうか。

5 利益の額

このように「道の駅」は、農山漁村地域に対してかなり大きな社会的・経済的効果を発揮していることが明らかになった。問題はそのような効果を発揮するのに、行政の財政的補助を必要としているかどうかである。そこで彼らの経営結果としての利益水準について考察してみよう。

図表3-5は、「道の駅」の利益水準をグループ別に分析したものである。数値は各グループの平均値である。これによると「道の駅」は、粗利益、営業利益、当期利益の順に、百万円単位で、A:(190.4, 26.7, 14.8)、B:(136.8, 14.0, 2.8)、C:(79.3, 4.1, 3.8)、D:(不明, 不明, 1.9) である。

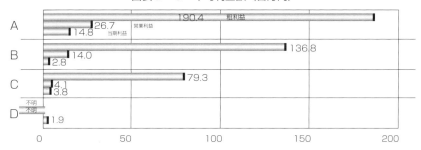

図表3-5 平均利益額（百万円）

「道の駅」は前節で述べたように、基本的に、出荷会員の農家・漁家が持ち込んだ商品を約15％の手数料で受託販売するものである。したがって全商品がこの農家・漁家からの商品であるなら「道の駅」の粗利益率は15％である。こ

の程度の粗利率では黒字経営はおぼつかないであろう。

　では黒字の要因は何かというと，一部に仕入商品（粗利率は30％から40％）があることに加え，直営レストランを併業している場合は，その粗利率は60％以上と非常に大きい。さらにお土産用品等の専門業者の商品を受託販売する場合，販売手数料が25〜30％になる。かくて「道の駅」によっては，かなりの粗利益を確保している。

　また，営業利益が赤字であっても，テナント料や自動販売機の手数料など，営業外収益によって経常利益が黒字になり，当期利益も黒字になっているケースが結構多いのである。

　いずれにせよ各グループとも，平均して当期利益は黒字で，財政状況は健全であり，行政のお荷物になってはいない。しかも，いずれの項目に関しても，売上高の大きい「道の駅」ほど，地域にもたらすプラスの効果が大きい。かくて「道の駅」は，農山漁村地域の活性化にとって，まさにエンジン的機能を果たしているといえよう。

おわりに

　「道の駅」は「戦略的6次産業」の一形態であり，通常は国土交通省と地方自治体（市町村）が連携して設立する。設立後は市町村がその設置者となり，運営を任される。しかし市町村は直接それを運営するのではなく，その経営を運営会社に委託するという仕組みになっている。その運営会社は概ね5年契約の委託管理者となり，その経営を行うという仕組みになっている。

　運営会社としては第3セクターの株式会社が多く，農協や民間企業が経営を受託する場合もある。当運営会社はVMSのチャネル・リーダーとして，出荷者（地域の農家・漁家）と連携し，ソーシャル・ビジネスを展開する。VMSの結合形態は出荷者に大きなベネフィット（還元率85％）を提供することによる「管理的結合」である点が特徴的である。

　「道の駅」は集約すると次の2つの機能を有する。①ドライバーに対して質の高い休憩・情報提供の場を提供し，安全・快適な運転に貢献する，②農水産物の直売を通じて農家・漁家の所得と生き甲

斐の向上を図り，農業・漁業と農山漁村地域の振興に貢献する。
　すなわちそれは上記①，②というミッションの遂行を究極目的とし，そのための資金を農水産物の直売によって得られる利潤で賄う，という仕組みのソーシャル・ビジネスを展開しているのである。
　それが果す機能の有効性を評価する市町村が増え，その設置件数は年々増加し，2015年4月現在，全国で1,059軒を数えている。九州・沖縄地域では同129軒に達する。
　その運営の特徴は次の諸点に見られる。
　　①農水産物直売事業と，サービス事業（レストランや温泉事業等）の同時展開が多い。②POSレジによるMIS（マーケティング情報システム）の活用。③ソーシャル・マーケティングとマネジリアル・マーケティングの同時展開，④地域特産品の「道の駅」間での相互交流，⑤市町村と道の駅間の連携組織の設立の活用により，「道の駅」の質の向上を図る。
　上記の特徴を有する「道の駅」は次のような社会・経済効果をもたらしている。
　　①農家・漁家の所得の大幅向上，②地域経済の高揚，③農山漁村地域における賑わいの創出，④農家・漁家の活力の高揚，⑤利益の確保（以上の経済効果を発揮しながら，利益を確保し，行政のお荷物にはなっていない）

コラム

優れた「道の駅」の収益構造

ここで，九州にある某「道の駅」運営会社で，前述のアドマイアード・ソーシャル・カンパニーに該当する「道の駅」の優れた収益構造（平成26年度）を紹介することにしよう。

企業概要

操業5年目，運営会社の企業形態：第3セクター，直売所のみ，資本金：3,000万円，出資者：市，近隣町，JA，漁協，商工会の計5団体，トップ・マネジメントの構成：代表取締役1名（常勤），取締役5名（全員非常勤）の計6名と，監査役（非常勤）1名。

事業規模

従業者数：総数20人（正社員5人，契約社員10人，パート5人），売場面積：約430㎡，出荷者数：約490人，駐車場：計163台（大型12台，普通車146台，身障者用5台），年間売上高：約8億円（毎年増加），年間レジ客数：約55万人（毎年増加）

経営効率（ ）の数値は県平均に対する倍率

客単価＝1,431円（1.03倍），人的効率（売上高／平均従業員数）＝55.9百万円（1.40倍）
売場効率＝182.5万円（1.66倍），人件費効率（売上高／人件費総額）＝14.1倍（1.11倍）

収益性（損益計算書分析）

売上総利益率：16.8％，営業利益率：3.0％，経常利益率：4.5％，
税引き後当期利益率：3.0％，損益分岐点位置率：約80％，安全余裕率：約20％，
減価償却費：0円（∵行政がオーナー）

販売管理費内訳

人件費率：42.0％，市や出荷者組合への寄付金（社会奉仕）：15.0％，
水道光熱費：5.8％，メンテナンス費：3.6％，プロモーション費：2.0％，……と続く。

財務の健全性（貸借対照表分析）

自己資本比率：53.8％，流動比率：213.1％，当座比率：210.3％，固定比率：3.3％，
固定負債：0円，借入金：0円，繰越利益剰余金：数千万円
財務内容は極めて健全で，収益性，安全性，流動性，資金繰りは抜群に優れている。

利益の配分

出荷者への平均還元額：125万円（**農家・漁家満足**），配当金総額：300万円（**株主満足**），賞与年3回（決算賞与含む，正社員6か月分，契約社員とパートは，毎回10万～3万円）（**従業員満足**）

従業員の質の向上策（モチベーション向上策でもある）

　最初の1年間，駅長が全従業員を個別に教育・訓練してきた。かつ，資格取得を奨励し，受験料を補助（現在の資格取得者：野菜ソムリエ：3人，食の検定：4人，農薬管理士：2人）

　このように，当社の財務内容は全ての面で抜群に優れている。しかも従業員が明るく活き活きと働き，顧客の質問に的確に即答し，出荷者の搬入をニコニコ顔で手伝うなど，顧客と出荷者に大きな満足を与え，CSRを高度に遂行している。さらに24時間トイレ，駐車場，情報提供施設はいつもきちんと整備されており，ミッションは十分に遂行されている。そのうえで市や出荷者にたっぷり寄付も行っている。

　これより，当運営会社は第1章で提示した**「アドマイアード・ソーシャル・カンパニー」**であるといえよう。

九州一の売上高を誇る「道の駅」むなかたの遠景

第4章

福岡県における「道の駅」の経営実態と繁栄の秘訣

はじめに

「道の駅」は戦略的6次産業の一形態であり，第3次産業に属する事業主体が「運営会社」となり，それが展開するマーケティング戦略の巧拙が「道の駅」全体の繁栄，ひいてはそのミッションの達成の秘訣に，ひいてはそのミッションの達成とも密接に関わってくるものである。そこで，繁栄している「道の駅」の運営会社が展開するマーケティング戦略の秘訣について，実態調査により，その究明を試みることにする。

調査は福岡県内に立地する全16駅を対象とし，経営実態調査票と，ヒアリング調査を通じて行い，そのデータに対するABC分析を行った。以下がその結果である。

1 ABCグループへの類別と企業形態に関するグループ間の相違

1 売上高の分布とABCグループへの類別

図表4－1は福岡県内全16駅の，平成23年度における売上高の分布と累積グラフ，ならびにABCへのグループ分けと，各グループの平均売上高を提示したものである。

ABC分析を行う場合，通常は累積グラフの65％と95％を基準に，65％以下までのグループをA，65％超～95％以下をBグループ，95％超～100％をCグループとするものである。しかしながら今回の調査では全数が16と少ないこと

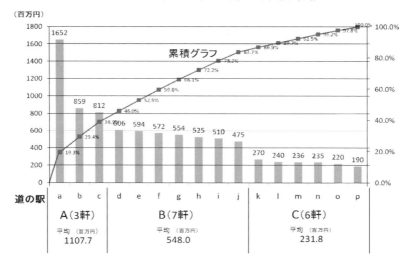

図表4-1　福岡県内の駅の年間売上高（百万円）

もあり，通常の分類基準を適用すると，図表4-1の累積グラフから類推しても分かるように，かなりいびつなグループ分けになる。

そこで本稿では棒グラフに示す，実際の売上高の分布状況から，年間売上高1,652百万円～812百万円までをA，それ未満～475百万円までをB，それ未満～190百万円までをCと，グループ分けすることにする。

それぞれの平均売上高は，A：1,107.7百万円，B：548.0百万円，C：231.8百万円であり，所属件数はそれぞれ，A：3軒，B：7軒，C：6軒である。

すなわち本章の研究の目的は「道の駅」の繁栄の秘訣の探求にある。そこで業績の良いグループA・Bの経営実態を，Cグループのそれとの比較を通じて分析することにする。

2　「道の駅」運営会社の企業形態に関するABC比較

ちなみに，市町村から「道の駅」の経営を委託された運営会社（指定管理者）の企業形態の実態はどうであろうか。図表4-2はその実態について県平

図表4-2　指定管理者の企業形態（グループ別）(%)

A 3軒	第3セクター 66.7		団体の合弁企業 33.3		
B 7軒	第3セクター 57.1	任意団体 14.3	財団法人 14.3	民間企業 14.3	
C 6軒	第3セクター 66.7	任意団体 16.7	社団法人 16.7		
県平均	第3セクター 62.5	任意団体 12.5	財・社団法人 12.5	団体合弁 6.2	民間 6.2

⬇ 平成26年度

A 3軒	第3セクター 100.0				
B 7軒	第3セクター 57.1	任意団体 14.3	財団法人 14.3	民間企業 14.3	
C 6軒	第3セクター 83.3		社団法人 16.7		
県平均	第3セクター 75.0	財・社団法人 12.5	任意団体 6.2	民間 6.2	

均と，ABC別の相違を表したものである。

　県平均をみると，第3セクター：62.5%，任意団体：12.5%，財・社団法人：12.5%，経済産業団体の合弁：6.2%，民間企業：6.2%であり，第3セクターの株式会社が全体の約3分の2を占めている。その傾向はABCのいずれのグループにおいてもほぼ同じで，それが過半数を占めている。

　Aグループの中の1軒が団体の合弁企業となっているが，これは市がそれまで関わってきた第3セクターが，すべて経営不振であったことから，今回，「道の駅」の指定管理者としての運営会社を決める際に，第3セクターの株式会社の設立を避けたため，農協，漁協，商工会，観光協会という，産業経済団体同士の共同出資で運営会社を設立したからである。

　ただし，当駅の運営が極めて順調で，一大収益団体になっていることから，市が近いうちに出資する予定である。そうなれば，Aグループは第3セクターの株式会社が100%となる（事実平成26年度現在，市の出資に伴い，第3セクターの株式会社となっている）。

　さらにCグループの中に1軒（16.7%），任意団体があるが，そのビジネス

方針は「利益を出さないこと」であるため，減価償却がなされておらず，自治体の財政難を考えると，将来に必要であろう設備の更新が心もとない状況にあるため，平成25年度から第3セクターの株式会社に転換予定である。そうなると運営会社の企業形態は，第3セクターが83.4％となる（平成26年現在，予定通り第3セクターの株式会社に移行している）。

以上の結果，図表4－2の下段の表が示すように平成26年現在，県平均では第3セクターの株式会社が75％に達している。このことは第3セクターの株式会社が「道の駅」の運営会社として適していることを示すものである。

第3セクターの法人＝赤字経営という印象が一般化しているようであるが，それはバブル期に，多額の借入金による設備投資を行って設立されたテーマパークやリゾート施設が，バブル崩壊後の不況下で客足が大幅に減少したことによって借入金の返済ができない事態に陥っているからである。こと福岡県内においては，「道の駅」の運営会社としての第3セクターの株式会社は，そのほとんどが黒字であり，健全経営を行っている。

2　ABC間での事業規模と売上高の関係および経営効率の比較

1　事業規模と売上高の関係に関するABC比較

売上高の小さい道の駅は，事業規模が小さいことに起因するのではないかと考えられる。
そこで，ABC間の事業規模の比較を行うことにする（図表4－3参照）。

事業の成果としての「売上高」に関するABC間の比率は，同図表に示すように，4.9：2.4：1.0である。つまりAグループの売上高はCの約5倍，BグループはCの約2.5倍の規模である。

そこでまず運営会社の資本金規模を見てみよう。同図表に見るように，売上高の小さい駅ほど資本金が大きい。そのABC間の比率は，4：7：10である。

第4章 福岡県における「道の駅」の経営実態と繁栄の秘訣

図表4－3 事業規模等比較

グループ	売上高 (百万円)	資本金・出資金 (百万円)	従業者数(人) *	従業者数(人) **	売場面積 (㎡)	駐車台数 (台)	出荷会員数 (人)	高速道割引制度による客数増の程度 (ポイント)
A	1107.7 (4.9)	14.7 (0.4)	39.7 (2.1)	24.7 (1.5)	530.7 (2.3)	182.2 (2.4)	674	0.67
B	548.0 (2.4)	25.7 (0.7)	22.5 (1.2)	14.4 (1.05)	364.3 (1.6)	124.1 (1.8)	502	0.29 (1.7)
C	231.8 (1.0)	37.1 (1.0)	16.8 (1.0)	11.8 (1.0)	348.0 (1.0)	78.8 (1.0)	279 (1.0)	0.17 (1.0)
県平均	534.4 (2.3)	30.5 (0.8)	23.3 (1.3)	15.4 (1.1)	398.9 (1.5)	120.7 (1.6)	450.4	0.31 (1.8)

( )内の数値はグループCを1.0とした場合の数値である。
＊ 正社員＋パート・アルバイト
＊＊ 正社員＋(パート・アルバイト)×1/2

つまり資本金の多寡は売上高とほぼ逆比例の関係にある。これは売上高の大きい道の駅ほど，設立が新しいものであり，それまでに設立されたものを研究した結果，資本金はさほど大きくなくてもよい，ということを学習した結果であると考えられる。

他方,「従業員規模」,「売場面積」,「駐車収容台数」,「出荷会員数」という事業規模の構成要素（マーケティング戦略上の可変要因）と，立地条件がなせる「高速道路の料金割引制度」（マーケティング戦略上の不可変要因）の計5項目についてはそれぞれのABC比率からみて，売上高にほぼ連動しており，売上高増大に対する影響要因であることが分かる。

A・B両グループにおいては上記5項目が全て，Cグループを上回っている。

なお上記5項目はいずれも，単独では売上高の多寡に直接的に連動するものではない。結論的には，事業規模に関する4項目（従業員数，売場面積，駐車収容台数，出荷会員数）と「高速道路割引制度」の計5項目が相互に作用し合い，その「相乗効果」によって売上高に大きな開きをもたらしていると考えられる。

2 ABC間における経営効率の相違

しかしながら事業規模が大きいことは，往々にして経営効率の低下を招く場合があるので，その点について点検する必要がある。図表4－4をみて頂きたい。売場効率（いわゆる坪効率）と人的効率をみた場合，ABC間の比はそれぞれ，3.2：2.3：1.0，2.3：2.0：1.0と，事業規模の大きいグループほど経営効率も高い。おまけに客単価までが，1.8：1.3：1.0と，事業規模に連動して高くなっている。この現象は，来店客の多さによってお客様の買い物気分が高揚し，つい多めに買ってしまうことに起因していると考えられる。

図表4－4　経営効率比較

グループ	売場効率 (万円／㎡)	人的効率 (万円／1人)	客　単　価 (円／1人)
A	208.7 (3.2)	4,482 (2.3)	1,807 (1.8)
B	150.4 (2.3)	3,806 (2.0)	1,289 (1.3)
C	66.6 (1.0)	1,964 (1.0)	1,039 (1.0)
県平均	134.0 (2.0)	3,468 (1.8)	1,391 (1.4)

（　）内の数値はグループCを1.0とした場合の数値である。

すなわち売上高の大きいグループA・Bは，事業規模4項目のいずれにおいても，グループCに勝っており，しかも売場効率や人的効率といった経営効率の面でもCに勝っているのである。以上より，売上高の大きさは事業規模4項目の大きさに連動し，しかも事業規模の大きい駅が，経営効率の点でも優れているという構図になっている。

しかしながら，売上高の多寡は事業規模といった「量的要因」だけでなく，マーケティングの巧拙という「質的要因」によっても左右されるものである。

そこでマーケティング戦略の観点から，グループA・B・C間の相違について比較・分析してみよう。

3 マーケティング戦略に関するABC間の相違

1 標的市場の設定と実質経営者の小売ノウハウに関するABC比較

以下，図表4-5を参照しながらお読み頂きたい。

まずターゲット市場の設定状況について調べてみよう。A：100％，B：約86％，C：50％である。マーケティング戦略は，自社に最適の特定市場をターゲットに設定することから始めるものである。しかるにCグループの場合，それを実践している駅は半分しかない。

次に「道の駅」の実質的経営管理者（常勤の「駅長」または「支配人」）の小売ノウハウとマネジメント力をみるために，彼らの前職について調べてみよう。前職が百貨店やスーパーの店長ないし管理職であったケースは，A：66.7％，B：71.4％，C：16.7％である。これより，A・Bグループの実質経営者は小売ノウハウとマネジメント力が相対的に優れているとみることができよう。

ちなみに，Cグループの場合は，某家電メーカーの総務部長，青果市場の管

図表4-5　マーケティング戦略比較①

グループ	ターゲット都市設定(%)	在庫メール(回/日)	実質経営者が百貨店やスーパーの管理職であった割合(%)	よく売れる仕掛けのキーワード	地元産取扱比率	
					生鮮(%)	加工品・メニュー(%)
A	100.0	4.0	66.7	鮮度，味覚，安心感	100.0	76.7
B	85.7	3.0	71.4	鮮度，(味覚) 又は (安さ・雰囲気)	80.0	75.7
C	50.0	2.3	16.7	鮮度，安さ	70.0	60.0
県平均	75.0	2.9	50.0		80.0	70.0

理者，健康福祉関係の第3セクター管理者，市のOB，ホテルの管理者，建具屋，である。

2 「品揃え」および「売れる商品作り」等に関するABC比較

(1) 欠品対策

　「道の駅」の場合，出荷者が毎朝，自ら商品を搬入し，生鮮品の売れ残りを前述の1：2：3の原則に従って，夕方搬出することになっている。営業時間中に在庫が無くなった場合は，出荷者と駅にとって売り逃しという機会損失である上に，顧客に失望感を与える。これが複数回続くと顧客のストア・ロイアルティは希薄化し，客数が減少することになる。

　それを防止するため，ほとんどの駅が携帯電話にメールで，出荷者当人の商品の売れ行き状況（すなわち在庫の状況）を知らせる仕組みになっている。知らせを見た出荷者は必要に応じて商品の追加搬入を行うのである。

　もう一度図表4－5をみて頂きたい。その在庫メールの「営業時間中の配信回数」は，ABC間で異なっている。

　ちなみにA：4回，B：3回と，頻繁に配信し，絶えず在庫の維持に努めているのに対し，Cは2回しか行っていない。しかもCのなかには，「在庫メールを送っても，出荷者が搬入に来ない」道の駅もあるのである。

(2) 良く売れる仕掛け

　良く売れる仕掛けのキーワードに関しては，Cは「鮮度」と「安さ」に傾注しすぎる傾向が強いのに対し，A・Bの場合は「鮮度」に加えて「味覚」を重視し，かつ「雰囲気」や「安心感」も重視している（図表4－5参照）。

(3) 地元産の産物に対する取扱比率

　地元産の取り扱い比率を見ると，A・Bの場合は，生鮮品，その加工品，料理メニューのいずれにおいても，その取扱比率はCに勝っている（図表4－5参照）。

(4) 売れる商品作りの秘訣

続いて売れる商品作りの秘訣について調べてみよう（図表4－6参照）。

図表4－6　マーケティング戦略比較②

グループ	売れる商品作りの秘訣		（％）複数回答
	品質管理	生の声を商品に反映	新商品開発
A	100.0	66.7	33.3
B	57.1	28.6	57.1
C	50.0	66.7	16.7
県平均	62.5	50.0	37.5

図表4－6に示すように，グループA・Bとも品質管理に力を入れるとともに，顧客の生の声を収集し，商品の改良や，新商品開発に生かしている傾向が強い。

それに対してCの場合は，品質管理に対する努力が相対的に低い。さらに収集した顧客の生の声が新商品開発に十分生かされていないようである。

3　価格政策（図表4－7参照）

価格設定に関しては，A・Bの場合，スーパー等の価格を参考に運営会社が指示を出し，出荷者はそのポリシーのもとで，自由に価格設定できるようにしている傾向が強い。

マーケティングの定義は，「商品やサービスを，売れて儲かる条件作りをして売ること」である。そのためには競合先の価格も参考にして，競争に強い価格設定をしなければならない。かくてA・Bの手法が最もマーケティングの概念に則っているといえよう。

それとは逆にCの場合は　市場の状況を考慮せず，また運営会社もほとんど指示を与えず，ひたすら出荷者任せである。これでは売上高が伸びないのは当然であろう。

図表4-7　マーケティング戦略比較③

グループ	価格設定		(％)　複数回答
	出荷者任せ	当社が指示	スーパー価格等参考
A	100.0	66.7	33.3
B	85.7	42.9	42.9
C	100.0	16.7	0.0
県平均	93.8	37.5	25.0

4　プロモーション

　プロモーションに関しては，マスコミ広告やチラシを起用する駅は極めて少なく，大部分がイベントや無料のパブリシティをその手段に用いている程度であり，グループA・B・C間で取り立てて述べるほどの差異は見られない。

　ただ，ポイント・カード制と，ホームページに関しては，以下に示すように，A・Bの方がCよりもかなり進んでいるといえる。以下にポイント・カード制における実施割合と登録会員数は以下の通りである。

グループ	平均実施率	平均登録会員数
A	66.7％	12,500人
B	42.9％	8,867人
C	33.3％	6,950人
県平均	43.8％	9,357人

　また，ホームページにおけるインパクトと，その中身については以下のとおりである。

グループ	インパクト	内容
A	極大	旬の入荷情報，カラフル，地方発送の実施，賑やか
B	中	まずまずの出来具合
C	小	店内の写真が暗い，品薄感，支配人の顔写真→活気が無い

5 チャネル政策（図表4－8参照）

次にチャネル政策の実態をみてみよう。

図表4－8　マーケティング戦略比較④

グループ	チャネル		(%)
	都市の産直市場	都市のデパートやスーパーで販売	地方発送
A	33.3	66.7	33.3
B	0.0	14.3	14.3
C	0.0	0.0	0.0
県平均	6.3	18.8	12.5

　Aグループの場合は，都市のデパートやスーパー，あるいは産直市場等で販売したり，さらには地方発送を積極的に行うなど，ターゲット都市を中心に外部市場への販路拡大を目指し，攻めの経営を行っている実態が浮き彫りになる。Bグループの場合は，Aグループほどではないが，一軒だけそれに準じたチャネル政策をとっている。

　一方Cグループでは，そのような積極的チャネル政策を展開する「道の駅」は皆無である。

6　今後補強すべきマーケティング戦略

　次に今後，グループA，B，C各駅が，マーケティング戦略をいかに補強すべきであると考えているか調べてみよう（図表4－9参照）。

　グループA：製品の品質の更なる向上を図り，中には地域ブランドの創設を狙っているところもある。さらには卸とスーパーの中間帯の価格設定を基調にする。イベントの強化とグリーン・ツーリズムの創設，および高齢化に対応すべく集荷体制の整備を図る。

図表4-9　補強すべきマーケティング戦略比較

グループ	補強すべきマーケティング戦略　　（％）　複数回答			
	製品力	価格	プロモーション	チャネル
A	100.0 ・農家の品質向上技術の強化 ・地域ブランドの創設	33.3 ・卸市場より高く、スーパーより安くする	100.0 ・イベントの強化 ・グリーンツーリズム ・機関誌の充実化 ・掲示板でイベント予告	33.3 ・集荷体制づくり
B	71.4 ・商品サービスの強化 ・鮮度のさらなる強化 ・中山間地に適する産物の増加 ・野菜を使った特産品づくり ・品質管理の強化	14.3 ・スーパーより安くする	28.6 ・ネット販売 ・客の目につきやすいようPOPの強化	28.6 ・百貨店等への出店
C	100.0 ・地元農産物を素材とする特産品づくり （66.7％）	16.7 ・価値あるモノは高価格にする	33.3 ・旅行代理店へ売込 ・ネット販売 ・買物代行サービスの開始	16.7 ・集荷体制づくり
県平均	87.5	18.8	43.8	25.0

　グループB：鮮度面での品質やサービスの更なる向上を図り，ネット販売ができるよう，中山間地に適した産物や，野菜の特産品の開発を行いたい。そして価格をスーパーよりも安くなるようにし，目を引くPOP作りを行い，百貨店等での販売も行いたい。

　グループC：ネット販売ができるよう，地元農産品の特産品開発を行いたい。価値のある商品は高価格にする。旅行代理店への売り込みを図るとともに，顧客の高齢化に対応すべく，買物代行サービスを開始する。出荷者の高齢化に対応すべく集荷体制作りを実施する。

　以上より，グループA・Bの方がCよりもマーケティング戦略に関し，より高度な補強を考えていることが分かる。

第4章　福岡県における「道の駅」の経営実態と繁栄の秘訣

 事業成果に関するABC比較（図表4－10参照）

1 「売上高」,「客数」,「農家・漁家の売上高と活気」,および「当期利益」

　次に，以上の事業規模のもとで，以上のマーケティング戦略を展開してきた各駅の事業成果について，ABC間でどのような相違がみられるか，考察してみよう。

　まず売上高のグループ平均額（概数）は先にみたように，A：11.1億円，B：5.5億円，C：2.3億円で，その比は約5：2.5：1である。

　レジ通過客数（概数）は，A：61万人，B：43万人，C：22万人で，その比は約3：2：1である。

　道の駅で販売している農家・漁家のなかで，販売額が最大規模（概数）の方は，A：2,800万円，B：1,900万円，C400万円であり，その比はおよそ，7：5：1である。

　一方，農家・漁家の平均販売額はというと，A：167万円，B：110万円，

図表4－10　事業成果比較

グループ	売上高	レジ通過客数	農家・漁家の最大販売額	農家・漁家の平均販売額	農家・漁家の活気	当期利益
	（百万円）	（万人）	（百万円）	（百万円）	（ポイント）	（百万円）
A	1107.7 (4.8)	61.3 (2.7)	27.7 (6.8)	1.67 (3.6)	1.7 (3.4)	20.3 (5.5)
B	548.0 (2.4)	42.5 (1.9)	18.9 (4.6)	1.10 (2.4)	1.3 (2.6)	13.8 (3.7)
C	231.8 (1.0)	22.3 (1.0)	4.1 (1.0)	0.46 (1.0)	0.5 (1.0)	＊3.7 (1.0)
県平均	534.4 (2.3)	38.4 (1.7)	15.0 (3.7)	0.98 (2.1)	0.69 (1.4)	10.8 (2.9)

＊　赤字企業　2軒（いずれも△100万円）
（　）内の数値はグループCを1.0とした場合の数値である。

C:46万円で,その比は約,3.6:2.4:1.0である。

ではそれらの結果として,農家・漁業家の活気の程度はいかがであろうか。さすがにAは1.7ポイントと,「極めて大」寄りの成果が出ている。Bは「極めて大」と「やや大」の中間で「やや大」寄りの成果である。Cの場合は残念ながらマイナス0.5の結果である。

ちなみにその比はおよそ,7:5:2である。

売上高の大きい「道の駅」は,まず来店客が多くて店内が賑わい,売上高にも弾みがつき,結果として農家・漁家も活気づいていると考えられる。それとは対照的に,売上高の小さい「道の駅」は全くその逆の状態である。

当期利益の実態は,A:2,030万円,B:1,380万円,C:370万円(ただし赤字企業が2軒あり)の状態である。その比は約,11:7:2である。

2 「客数」と「客単価」の売上高に与える影響度

ここで「レジ通過客数」と「客単価」では,どちらが「売上高」に大きく影響を与えるものであるか,調べてみよう(図表4-11参照)

図表4-11 売上高,レジ客数,客単価の関係

グループ	年間売上高 (百万円)	年間レジ客数 (万人)	客単価 (円/1人)
A	1107.7 (3.2)	61.3 (2.7)	1,807 (1.8)
B	548.0 (2.3)	42.5 (1.9)	1,289 (1.3)
C	227.8 (1.0)	22.3 (1.0)	1,023 (1.0)
県平均	532.9 (2.0)	38.4 (1.7)	1,387 (1.4)

( )内の数値はグループCを1.0とした場合の比率

「レジ通過客数」・「客単価」と「売上高」の関係がよく分かるように。同図表の( )内比率を一覧表にすると次のようになる。

第4章　福岡県における「道の駅」の経営実態と繁栄の秘訣

グループ	A	B	C
年間売上高	3.2	2.3	1.0
レジ客数	2.7	1.9	1.0
客単価	1.8	1.3	1.0

　これより，「レジ客数」の方が「客単価」よりも売上高に好影響を与えていることが分かる。
　なお，この傾向は九州・沖縄の全駅について，売上高の大きい順にABCDの4グループに分けて分析すると，より一層明確になる。
　実は「九州沖縄道の駅ネットワーク」は2016年，筆者を担当者として，九州・沖縄の全駅（123軒）を対象に，売上高とレジ客数に関する実態調査を行った。有効回答数はちょうど70票（回答率56.9％）である。
　今回の分析では，70軒を売上高の大きい順に，A（18軒），B（17軒），C（17軒），D（18軒）と，ほぼ同数ずつ4グループに分け，各グループの平均値を求めてその比較を行った。
　そのデータを用いて，「レジ通過客数」・「客単価」と「売上高」との関係を分析してみた（図表4-12参照）。
　「レジ通過客数」および「客単価」と，「売上高」の関係がより明確になるよう，同図表の（　）内に示す比率を一覧表にすると次のようになる。

図表4-12　売上高，レジ客数，客単価の関係

グループ	年間売上高 （百万円）	年間レジ客数 （万人）	客単価 （円／1人）
A（17軒）	783.1 (11.3)	49.7 (6.8)	1,576 (1.7)
B（18軒）	331.2 (4.8)	26.8 (3.7)	1,236 (1.3)
C（18軒）	181.6 (2.6)	19.1 (2.6)	951 (1.0)
D（17軒）	69.5 (1.0)	7.3 (1.0)	952 (1.0)

（　）内の数値はグループCを1.0とした場合の比率

グループ	A		B		C		D
売上高	11.3	:	4.8	:	2.6	:	1.0
レジ客数	6.8	:	3.7	:	2.6	:	1.0
客単価	1.7	:	1.3	:	1.0	:	1.0

　この分析から,「道の駅」の売上高は,「客単価」ではなく「レジ客数」に対して,より敏感に反応するものであることが明白である。

「剰余金関連」および「指定管理者制度」に関するABC比較

1　剰余金の使途と蓄積状況 (図表4-13参照)

　次に,利益剰余金の使途等についてみてみよう。自治体に対して返納ないし寄付をするところが,A,Bの場合,相対的に多く,Cにおいては50％しかない。返納するだけの利益が確保できていないというのが実態である。

図表4-13　余剰金使途（％）

グループ	自治体へ返納 （寄　付） （万円）	配　当	賞　与	設備投資	内部留保	累積内部留保 （参　考） （万円）
A	66.7 (850)	33.3	33.3	33.3	100.0	(12,000)
B	71.4 (1,083)	28.6	28.6	28.6	100.0	(6,936)
C	50.0 (200)	16.7	33.3	0.0	50.0*	(2,582)
県平均	68.8 (854.5)	25.0	31.3	18.8	100.0	(7,130)

＊　赤字企業　2軒（いずれも約△100万円）

ちなみに市町村への返納金の額は，A：850万円，B：1,083万円，C：200万円である。Bが異常に高いのは，グループの中に3,300万円（直営の観光事業を含めると返納金の総額は8,000万円）が1軒含まれていることに大きな原因がある。

グループA・Bは全駅（100％）が内部留保を行っているが，Cの場合，それを実践している駅は半数（50％）しかいない。ましてや設備投資に使用した駅は，Cグループでは1軒も存在しない。

また配当や賞与に使用した駅は全体的にまだ少数である。さすがにCは設備投資に関してはゼロである。ちなみにこれまでの累積内部留保の額はというと，A：1億2,000万円，B：7,000万円弱，C：2,600万円，県平均で7,000万円強である。

2　指定管理制度に対する駅長・支配人等の考え

最後に，指定管理制度に関し，実質上の経営者である常勤の「駅長」もしくは「支配人」がどのような考えを抱いているか，調べてみよう（図表4-14参

図表4-14　指定管理制度に対する意見（％）

グループ	良い	どちらでもない	悪い	理　由
A			100.0	① 会社と従業員にとって将来が不透明（従業員のモラールを欠く）(50.0％) ② 50万以上の修理費は自治体が出す約束，しかし実際は修理費を出さないで口を出す ③ 市や，納税者（市民）からの影響を受けやすいから
B		42.9		① どちらともいえない（28.6％） ② これ迄順調にやってきたので，なんともいえない（14.3％）
B			57.1	① 別の会社が引き継ぐと出荷者とのつながりが薄くなるから ② 市に多額の寄付が必要。従業員の雇用が保証できない。生産者のモラールが低下する ③ 長期計画が立てにくく，設備投資ができにくい ④ 責任がすべて指定管理者に押しつけられるから ⑤ 公的な立場なので思い切った競争戦略が打てない
C	66.7			① 経営に適度な緊張感が生まれるから ② 町長が社長なので安定しているから ③ 自治体とのコミュニケーションが良く，修繕もよくしてくれるから
C		16.7		① どちらともいえない
C			16.7	① 長期の戦略が打てない
県平均	25.0	25.0	50.0	

照)。

　指定管理制度とは,「道の駅」の設置者(施設のオーナー)である自治体すなわち,市町村役場が,自分達に代わってその経営管理を行ってくれる法人を審査のうえで指定し,一定期間(例えば5年間)その経営権を付与する制度である。更新時にその間の経営状況をみて,良くない場合は別の法人に指定管理を委託し直すことになっている。

　市町村は指定管理制度に対して,「道の駅」の業績が悪い場合,自治体のお荷物になるのを避けるという,一種のセーフティ・ネットとしての機能を期待しているのである。

　しかしながら,当の指定を受けた運営会社にとっては,その制度に対し賛否両論がある。

　全般的にみて,業績の良いグループA・Bの場合は「良くない」と考えている割合が高い。特にAの場合は100％が,Bの場合は過半数(57％)が,「良くない」と回答している。一方Cの場合,3分の2が「良い」と答えている。

1)「良くない」理由

　「良くない」という場合の主な理由は,次のとおりである。

① 　従業員にとっては,今勤務している法人が5年後にひょっとして指定管理を取り消され,別の法人が指定管理者になった場合,職場を追われるので,職が安定せず,モラールが損なわれる。すなわち会社も従業員も将来が不透明ではやる気が起こらない
② 　もしそうなることを考えると,出荷者のモラールも低下してしまう
③ 　5年以上の長期計画や設備投資が制限される
④ 　行政による指定管理者(公的立場)であるため,自治体や納税者(市町村民)からの影響を受け,思い切った競争戦略が打てない
⑤ 　自治体に多額の返納金(寄付)が必要
⑥ 　50万円以上の修理費は,自治体が出す約束であるのに,それを守らず口出しはする。

第4章 福岡県における「道の駅」の経営実態と繁栄の秘訣

2)「良い」理由
　一方,「良い」と考えたのはCのみである。理由は以下のとおりである。
① 経営に適度の緊張感が生まれる
② 町長が社長なので,（指定管理を取り消されることはなく）安定しているから
③ 自治体とのコミュニケーションが良好で,修繕もよく行ってくれるから
　しかしながら,この「良い」という場合の理由をよく吟味してみると,経営業績が思わしくないため,いずれも自治体に対する媚が裏に潜んでいると考えられる。
　逆に言うと,この指定管理制度は,業績の良い「道の駅」にとって更なる発展の足かせになっているようである。いずれにせよ同制度は運営方法に工夫が必要である。

おわりに

　以上の考察結果を取りまとめると，Ａ・Ｂ両グループは，「売上高」,「レジ通過客数」,「農家・漁家の販売額」,「農家・漁家の活気の程度」,「当期利益の程度」,「自治体への返納額」,「内部留保の実践」,「累積内部留保の額」という事業成果の主要項目に関し，Ｃグループよりも顕著に勝っている。しかもＡ・Ｂ両グループは「売場効率」と「人的効率」という効率面でもＣグループを大きく引き離している。またＡ・Ｂ両グループは業績が好調であるため，自治体に救いを求める傾向はみられない。

　以上より，「道の駅」の繁栄の秘訣は次のように取りまとめることができる。

① 「従業員規模」,「売場面積」,「駐車台数」,「出荷会員数」という事業規模の４要素（すなわち量的要因）間の相乗効果によって，売上高に多寡が発生する。そのメカニズムは以下のとおりである。

　まず，駐車場の収容力が大きいことは，それだけ多くの顧客を呼び込めるし，売場面積と出荷会員数が共に大きいことは，それだけ品揃えの種類と量が増え，顧客吸引力の増大をもたらすことになる。また従業員の多さは店舗の賑やかさ，顧客接遇密度の濃さにつながる。以上の結果，事業規模が大きいことは，売上高の増大にプラスの効果を有する。

② 質的要因としての「マーケティング戦略」に関しては，「実質経営者の小売ノウハウとマネジメント力」,「１日当たり在庫メールの配信回数」,「地元産品の取扱比率」,「商品の品質管理」,「顧客の生の声に基づく新商品開発の程度」「価格戦略面」,「ポイント・カードの導入と登録会員数」,「ホームページのインパクトの度合い」,「道の駅としての『セールス・ポイント』の有無と訴求力」,「チャネル戦略」の各項目において競争優位性を発揮すること。

　以上の他，指定管理制度にはその運営方法に改良が必要であることも判明した。

第5章

「道の駅型マーケティング戦略」のあり方

以上，千客万来の実践科学であるマーケティング戦略について，その概念と手法を考察し，マーケティング戦略の手法を織り込んだ「戦略的6次産業」のモデルを提示して，検討を加えた。さらに同モデルの一形態である「道の駅」について，その構造的・経営的特徴を考察するとともに，その実態調査を行って，繁栄する「道の駅」におけるマーケティング戦略の秘訣について分析を加えた。
　ここで以上の検討を踏まえて，「道の駅」に固有のマーケティング戦略，すなわち「道の駅型マーケティング戦略」のあり方について考察することにする。

1　「道の駅型マーケティング戦略」の概要

1　「道の駅型マーケティング戦略」とは

　図表5-1をご覧頂きたい。この戦略モデルは，筆者がこれまで研究してきた地域振興に有効な戦略的6次産業と，その類似形態である「道の駅」の概念とその実態，および中小企業におけるマーケティング戦略の有効な実践手法を融合し，「道の駅」の振興を目的とするマーケティング戦略，すなわち「戦略的6次産業型マーケティング」を基盤とする「道の駅型マーケティング戦略」として確立した実践理論の体系図である。そのポイントは次のとおりである。
　それは同モデルに提示しているように，「ドライバーの安全・快適運転への

貢献と，当該農山漁村地域の農家・漁家の所得・生甲斐・就業意欲の向上」というミッションの達成と，「高度なCSR」の遂行（第1章参照）を事業理念とし，モデルに示す第3次産業の活性化が，究極的に第1次産業の活性化をもたらす仕組みのもとに展開されるものである。すなわちそれはソーシャル・マーケティング戦略の一種であり，具体的には次の要領で企画・実践されることになる。

2 「道の駅型マーケティング戦略」の展開の概要

まず第2章に示す「リーダー企業」すなわち道の駅の「運営会社」の設立から始めなければならない。それが設置されると次に，経営基盤の実態を把握する。続いて当該地域内に存在する，農水産品の直売事業とサービス事業（地域観光事業や飲食事業）に関する産業資源（顕在的産業資源）について，その現状把握と，未利用の産業資源の芽（潜在的産業資源）の掘り起こしを図るとともに，外部環境の現状と動向を調査してSWOT分析を行う。

その分析を通じて，直売事業とサービス事業の同時展開による相乗効果の創出を念頭に置き，経営基盤の充実・強化を図りながら競争戦略を工夫して，競争力の強化を図る。さらに次の一手としての成長戦略を企画するという手順で，「戦略ビジョン」の策定を行うのである。

続いてその「戦略ビジョン」に基づき，産直事業，サービス事業の両分野における「道の駅型マーケティング・ミックス」を具体的に企画し，その実行計画を策定して執行し，その成果の分析を通じて得たデータを，経営理念にフィード・バックするという方式で，繰り返し展開されるものである。

「道の駅型マーケティング戦略」の具体的展開手法

その具体的展開手法は以下のとおりである。

第5章 「道の駅型マーケティング戦略」のあり方

1 「運営会社」の設立

　「道の駅」の運営会社は以上の経営理念と経営方針のもとで「道の駅」の経営を行うものである。その運営会社の企業形態は，繁栄している「道の駅」を調査してみると，第3セクターの株式会社が適しているようである。

　もちろん民間企業や農協が運営会社となる場合もあるが，第3セクターの株式会社で，次のような構造特性を有するところが，業績好調のようである。

① 出資割合は市町村が80％，農協10％，残り10％は漁協・森林組合・商工会等で分担。
② 出資者が取締役となる。ただし全員，非常勤とする。したがって市町村長も非常勤取締役である。監査役も非常勤とする。
③ 民間の流通業界出身の，小売ノウハウとマネジメント力を有する人物を1人，常勤の「代表取締役社長」兼「駅長」に任命する。当人は市町村長と密接に連携しながら運営会社を経営する。
④ 当「代表取締役」兼「駅長」を指定管理者とし，その更新の変更が必要な場合は，当人の変更にとどめ，従業員はそのまま雇用するという制度にする。第4章で提示した従業員の雇用不安の解消と，モラールの向上が期待できるからである。
⑤ 出資割合に応じて配当金を支払う。
⑥ 当期利益の半分程度を毎年，設置者である市町村に上納する。
⑦ 残りを利益剰余金として毎年内部留保する。

　上記概念の「道の駅型マーケティング戦略」を展開する「運営会社」としては，図表5－1にみるように，①第3セクターの株式会社，②産業経済団体（JA，漁協など），③民間企業のいずれかがその任に付き，役場と商工会がその企画・支援機関として機能するという体制が効果的である。

　それは図表5－1に示す事業理念と事業方針のもとで展開されるべきである。
　ただしそのためには，「運営会社」に対し，13項目にわたる経営基盤すなわち，①立地条件，②経営管理者，③人材，④組織体制，⑤財務基盤，⑥販売体

図表5-1 「道の駅型マーケティング戦略」の展開手法（典型例）

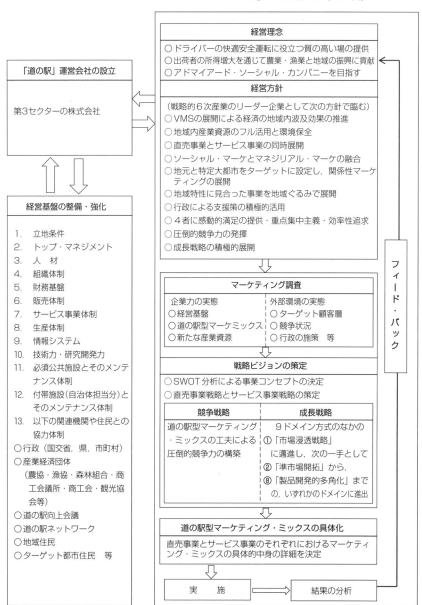

資料：筆者作成

制，⑦サービス事業体制，⑧生産体制，⑨情報システム，⑩技術力・研究開発力，⑪必須公共施設とそのメンテナンス体制，⑫附帯施設（自治体担当分）とそのメンテナンス体制，⑬関連する機関や地域住民による積極的支援体制の，充実・強化を図ることが必要条件となることを忘れてはならない。以下，それぞれの具体的内容について解説することにする。

2 経営理念と経営方針

(1) 経営理念

　経営理念とは，第1章で提示したように「ビジネス組織が，崇高な経営目的を明文化したもの」である。それを示すことにより，経営目標の達成に関連する全部門，全従事員の意識と作業を，5年以上の長期にわたり，1つのベクトルに統合することが狙いである。

　「道の駅」の運営会社の「経営理念」は，次のように設定すべきであろう。

　「ドライバーの安全・快適運転に役立つ，質の高い『場』を提供するとともに，出荷者である農家・漁家の所得増大と生甲斐の向上を図り，農業，漁業の活性化を通じて，農山漁村地域の振興に恒久的に貢献する。なおそのために，アドマイアード・ソーシャル・カンパニーとなることを目指す。」

　これについて若干，解説することにしよう。

　まず「道の駅」が果たすべき機能の第1は，国道や県道のような幹線道路を利用するドライバーの快適運転に貢献することである。そのために，彼らにトイレや飲食など休憩の場を提供すること，および安全運転に資する道路情報等を提供することである。

　このことは「道の駅」に課せられたミッションであり，他の単なる「農産物直売所」と大きく異なる点である。したがって経営理念として，まずこの使命的機能の遂行を掲示することが必要である。

　第2に，「道の駅」には「地域振興機能」が期待されている。すなわち，「ドライバーや入込客を対象として農水産物の直売を行い，農家・漁家の所得の増大と，お客様がそれを喜んで購入する光景と喜びの言葉に接することにより，

彼らの就業意欲と生甲斐の向上を図り，農業・漁業および，農山漁村地域の振興に貢献すること」である。

したがって，このミッションの遂行も経営理念の一項目に入れるべきである。

さらに，「道の駅」事業は，上記ミッションの遂行を究極目的とし，そのための資金確保の一環で農水産物の直売事業を行うところの「ソーシャル・ビジネス」であり，恒久的に展開されるべき事業である。

そのためには運営会社の従業員が全員，勤務先と仕事に大きな誇りとやりがいを抱き，活き活きと働いて，お客様に感動を与えるようでなければならない。他の利害関係者にもそれなりの満足を与える存在，すなわち高度なCSRを完遂しながら，道の駅としてのミッションを遂行する存在でなければならない。恒久的事業体になるためには，このことが不可欠である。

なお「高度なCSR遂行」の概念については p.26 を参照されたい。

そのような「ビジネス組織」は，まさに第2章で提示した「エクセレント・ソーシャル・ビジネス・カンパニー」である。「道の駅」の運営会社としては，少なくともこのレベルの存在になるよう，経営管理者と従業員が一丸となって取り組むべきであろう。

その上で，余裕を作り，本業外の「社会奉仕」を恒常的に行うような「アドマイアード・ソーシャル・カンパニー」の域にまで昇華できれば，当該運営会社の「企業価値」は圧倒的に高まり，高い社会的評価に支えられて，まさに磐石で千客万来の「道の駅運営会社」となるであろう。

(2) 経営方針

「経営方針」は「経営理念」を具現化するために必要な，事業活動を行う際の「行動指針」である。「道の駅」の運営会社は，「戦略的6次産業」のリーダー企業として，次の「経営方針」で臨むべきである。(図表5－1参照)。

1) VMSの積極展開による経済の地域内波及効果の推進

「道の駅」の運営会社は，直売事業やサービス事業を展開する第3次産業に属するソーシャル・ビジネス組織である。そして当該地域内の第1次産業，お

よびその産物を原材料として加工品を製造する第2次産業という，川上の生産者や加工業者を統一的にまとめあげ，川上型のVMS（垂直的マーケティング・システム）のリーダー企業となる。

　その上で自社を中心とする「マーケティング戦略」を，「ソーシャル・マーケティング」の見地から積極的に企画・実践し，自社の売上高が増えれば増えるほど，究極的に農家・漁家の所得が増える体制作りを行う。

2）　地域内産業資源のフル活用と環境保全

　「道の駅型マーケティング戦略」の経営理念は，農家・漁家と，農業・漁業の繁栄にあるので，農水産品に関する地域資源，すなわち直売事業用の地域資源のフル活用を図るべきである。ただし他の地域資源すなわち地域観光資源や人的資源（工芸品や料理等に関する匠）についても積極的に開発・活用することにより，入込客の推進を図ること。

　なお，観光資源開発に際しては，その乱開発は絶対的に避け，環境保全を図ることにより，地域の自然と景観の保全に努めるとともに，サステイナビリティの見地から地域資源の有効活用を図る。

3）　直売事業とサービス事業の同時展開

　「直売事業」とは当該地域で産出される農水産物，およびそれを原材料として地元で加工された加工食品を，当該地域に設立された「農水産物直売所」で販売することである。

一方ここでいう「サービス事業」とは，上記農水産物およびその加工品を素材とする飲食業（レストラン）や温泉等，地域観光事業のことを指す。

　両事業を同時に展開することには次のようなメリットがある。

① 　地域の吸引力の増大：それによって，ターゲット都市等，他地域住民にとって，単なる産直品の販売だけの場合よりも魅力が増幅し，当該地域への「吸引力」が増す。

② 　直売事業のより一層の活性化：例えば飲食事業を併業することは，素材に使用している地域農水産物やその加工品を試食・試飲することになり，運営会社としては体の良い試食・試飲販売を実践していることになる。また温泉

事業が併設される場合，温泉目当ての入込み客がお土産に産直品を購入するきっかけ作りになる。以上の結果，サービス事業を併設することは，直売事業に対するプロポーション効果の創出になるのである。

③　追加収入の獲得：運営会社としてはサービス事業によって直売事業1本の場合よりも収益が増大する。

④　地域内雇用効果：サービス業の分だけ，新たに雇用効果が発生し，地域住民の消費・購買力が高揚する。

4）ソーシャル・マーケ戦略とマネジリアル・マーケ戦略の同時展開

　道の駅型マーケティング戦略は，その主旨から見て確かにソーシャル・マーケティングを柱とするものである。

　ただしその構造は，リーダー企業である運営会社の売上高が増えれば増えるほど，農家・漁家の所得が高率（売上高の85％）で増え，それによって彼らの活力も増大する仕組みになっている。さらにドライバー向けの施設に対するメンテナンス費用は全て，「道の駅」の運営会社が担うことになっているのである。既述のように上記の2大活動が道の駅のミッションである。

　かくて運営会社としては，ミッション達成のために，可能な限り売上高と利益の増大を図らなければならない仕組みになっており，結果として運営会社は，ソーシャル・マーケ戦略とマネジリアル・マーケ戦略を同時に展開すべきなのである。

5）地元と特定大都市をターゲット市場に設定し関係性マーケティングの展開

　「道の駅型マーケティング戦略」のターゲット市場は，地元客（当該および周辺の市町村の顧客）および，日帰り圏内に位置する特定の大都市（中核都市ないし政令指定都市）の顧客である。

　地元客をターゲットとする理由は，調査結果によると「道の駅」の利用客は，地元客30％と，その割合が結構大きいことにある。彼らが「道の駅」を利用する理由は，距離が近くて便利であるからであるが，なにより「取り扱い商品」がほとんど朝取りの地元産であるため，安心・安全で，かつ新鮮・美味であるからである。

一方，都市住民かとしては，このように地元客から喜ばれるような農水産品であるからこそ，信頼感がより一層高まり，購買意欲が増大することになるからである。

しかしながら，同時に特定の大都市を主たるターゲットにすべきである。その理由は，大都市からの顧客が70％を占めていることと，地元が往々にして過疎化に向っており，市場がシュリンク傾向にあるからである。特に中山間地域ではその傾向が強い。さらに大都市の住民ほど，安心・安全で新鮮・美味な農水産品を求めると共に，ストレスの発散や心身の安らぎを求めて，自然に満ちたルーラル地域への回帰を求める傾向が強いからである。

したがって農山漁村地域の振興を図るためには，大都市との間に末永く強力な互恵関係を築くリレーションシップ・マーケティングを展開すべきである。

6) 地域特性に見合った事業を地域ぐるみで展開

運営会社としては，当該地域の特性に合った個性的で競争力のある「道の駅型マーケティング戦略」を企画・実践するべきである。しかしながら，運営会社は中小企業であり，ほとんどの場合，にわか作りのビジネス組織であるため，経営基盤が軟弱である。そのため，地元の農家・漁家，市町村，産業経済団体（農協・漁協・森林組合・商工会・観光協会等），民間企業，地元住民等が連係し合い，地域ぐるみで取り組まなければならない。

7) 行政による支援策の積極的活用

上記の「道の駅型マーケティング戦略」を地元が一体となって企画し，それを地元の資金と力でその具現化を図るべく努力するのである。しかしながら農山漁村地域の場合，往々して資金的，機能的にどうしても足りない部分が出てくる。ただこのような場合において，行政が用意している補助金や，有利な融資制度，特定機関による支援制度等を積極的に活用すべきである。特に新たな観光開発を行う場合，自治体側の支援が必要となる場合が多い。

8) 4者に感動的満足の提供・重点集中主義・効率性の追求

① 4者に対する感動的満足の提供

有効なマーケティング戦略を展開するには，一見客の固定客化と，彼らの

くちコミによる新規客の増大を目標に，全ての顧客に対する「感動を伴うような満足感」の提供，すなわち感動的顧客志向をモットーとして事業活動を企画・実践すべきである。このことは「道の駅型マーケティング戦略」の場合においても同じである。

ただし，「道の駅型マーケティング戦略」においては，経営理念に沿うべく，感動的満足を与える対象を，「従業員」，「顧客」，「ドライバー」，「出荷者」の4者とすべきであろう。

② 重点集中主義

重点集中主義とは，自社を取り巻く経営環境の現状と動向ならびに，自社の経営力の現状と動向からみて，即刻・優先的に対応すべき事項と，時間をかけて様子を見ながら実践すべき事項に分け，前者の事項に対する解決・達成に向けて経営資源を集中投下することを指す。「道の駅の運営会社は中小規模のモノがほとんどであり，経営資源が非常に限られているので，このような重点集中主義に徹すべきなのである。

③ 効率性の追求

これは費用対効果の向上，すなわち生産性の向上を図ることである。

前述のように「道の駅」の運営会社は，経営資源に乏しいところがほとんどであるので，絶えず生産性の向上を念頭において事業活動を展開しなければならない。事業の継続と事業目標の達成のためには，それに必要な費用を賄うための利潤の確保が必要であるからである。

その具体策は3ム（ムリ，ムラ，ムダ）の排除に努めることである。ただし，それのみに気をとられ，「感動的顧客志向」を疎かにしてはならない。あくまでも「感動的顧客志向」を第一義としたうえでの効率性の追求でなければならない。

9） 圧倒的競争力の発揮

これは他地域の「道の駅」，あるいは異業態の直接的・間接的競合相手が展開するマーケティング戦略よりも独創的で，競争力に富むマーケティング戦略を展開することをいう。「道の駅」の運営会社を取り巻く市場環境は刻々と変

化するので,その現状と動向をタイムリーに把握しながら,それに最適で競合先よりも優れた競争力が発揮できるよう,絶えず工夫し,革新し続けなければならない。

10) 成長戦略の積極展開

それに加えて,「道の駅」がゴーイング・コンサーンとして恒久的に存続・発展してゆくためには,単に現在の事業ドメインに安住していてはならない。絶えず次なる一手として,第2章に提示した9種類のドメイン中,②～⑧の中のどのドメインに進出するのが有利か,運営会社の企業力(ポテンシャル),および地域力(地域の持つポテンシャル)や,市場の動向をみながら決定し,その展開を図らなければならない。

3　戦略ビジョンの設定

戦略ビジョンとは,自社の商品やサービスが,厳しい市場競争の中でターゲット市場の顧客層から選ばれ,望ましい利益を伴って売れ続けてゆくためのマーケティング戦略に関する方向付け(大極的な枠組みづくり)のことである。その骨子は,「競争戦略」,「成長戦略」,および,「経営基盤の充実・強化」の3点に関する方向付けに集約できる。

1　マーケティング・リサーチとSWOT分析

戦略ビジョンの策定にはまずマーケティング・リサーチが必要となる。そこでは自社の「企業力」と,「市場環境」の双方に関する実態(現状と動向)について,把握することになる。

(1) 企業力の調査

「企業力」に関しては,まず自社の経営基盤(図表5-1参照)の実態を把握する必要がある。続いて「道の駅型マーケティング戦略」の観点から,直売事業と地域観光等サービス事業における「道の駅型マーケティング・ミック

ス」について，その実態を客観的に把握することが求められる。さらに新しい産業資源を探索することも求められる。すなわち「地域内で産出される農水産物やその加工品」，「地域内に存在する料理や飲み物」，「地域観光資源」等について顕在，潜在両面にわたる実態の精査が必要である。

(2) 市場環境の調査

次に「市場環境」に関しては，「ターゲット市場の顧客層のニーズ・ウォンツや生活様式等」と「業務用顧客層のニーズ」，および「競合先」と「政府の施策や景気等」についてその実態を客観的に把握することが求められる。

(3) 簡易型SWOT分析

続いて，以上のデータを基にSWOT分析をすることになる。「道の駅型マーケティング戦略」におけるSWOT分析は，筆者の経験からすると，大規模な民間営利企業が行うものほど，詳細に実践する必要はない。次の要領で端的に行うことで十分である。

まず，「企業力」や「地域力」に関しては，それを「強み」と「弱み」に分類し，「強み」を活かして顧客吸引力の増大を図る方策について知恵を絞るのである。

これまでの「道の駅」に関する調査や指導経験からすると，それぞれの地域において，その地に特有の「特産品的な農水産品」がある。中には非常に強力かつ著名な「モノ」が1〜2点ある場合がある。もしそれが無い場合には，自らそれを創り出す努力が必要である。

「弱み」に関しては大抵の場合，運営会社の「経営基盤」がそれに該当する。そのあるべき姿や充実・補強の仕方については後述する。

次に「市場環境」について，「機会（チャンス）」と「脅威」に分けてみる。「機会」に対しては競合先とのシェア争いが起こることを覚悟しなければならない。また「脅威」の事象に対しては「強み」をより一層強化してその克服に向けて臨まなければならない。したがって「運営会社」としては「弱み」を放

置していてはならないのである。

　以上，簡易型のSWOT分析からもたらされる結論は，「運営会社」としては，「道の駅型マーケティング・ミックス」の強化と，「経営基盤」の充実・強化に率先して取り組むべきであるということである。その具体的方策についてはすぐ後で解説する。

2　競争戦略

(1)　競争戦略とは

　競争戦略とは，お客様が自社の製品やサービスを選んで購入してくれるよう，「マーケティング・ミックス」の各構成要素に関してその差異化を図ることである。

　「道の駅型マーケティング戦略」の場合は，第2章で提示した「戦略的6次産業型マーケティング・ミックス」を基盤とし，道の駅に固有の特性に見合った「道の駅型マーケティング・ミックス」で臨むことが求められる。「道の駅運営会社」は，「道の駅型マーケティング・ミックス」の構成要素に関して，独創的なディファレンシャル性を発揮すべきなのである。

　そのための具体的手法としては，同構成要素のそれぞれについて，少なくとも競合相手と同レベルにまで高めておき，その中のどれか1〜2点に関して，競合相手に対する圧倒的ディファレンシャル性を発揮できるよう，工夫すると効果的である。

(2)　「道の駅型マーケティング・ミックス」の構成要素

　ちなみにそれは次の11項目にわたるものである。

① 　立地条件（車の通行量が多い国道か幹線県道に面し，マーケティング・コンセプトに応じた豊かな敷地で，業容に応じて拡張の余地がある場所。好立地条件については，第4節　経営基盤の充実・強化の1．「立地条件」で解説する）

② 　駐車場（すなわち自治体整備分の第2駐車場：豊かな収容力，車の出し入

れ容易，草花の植栽，清掃，必要に応じて誘導係の配置）
③　製品政策（品揃え：品群・品目共に常に豊かであること，製品差異化，製品の改良・改善，新製品開発，規格外品も揃える，POSシステムによる単品管理の活用，サービス商品の場合は清潔さ，味，安全性，健康性，提供プロセスの差異化に留意することが大切）
④　価格政策（都市での市価より若干安く，価値ある商品の場合はそれなりの高価格設定，）
⑤　プロモーション（のぼり，POP，試食販売，イベント，レジ係やフロア係など従業員の活き活きとしたホスピタリティ，顧客管理システムの活用，PR，パブリシティなど）
⑥　店舗・サービス業施設（次節に提示する小売店舗11原則を守りながら，道の駅らしく，以下の諸点に関する工夫が必要である。すなわち地域の木材をできるだけ多く使用，ストア・レイアウトの工夫，照明，BGM，話題性のある何かを一つ以上設置，店舗の透視度，平台・陳列棚の工夫，搬入・搬出施設やバックヤードの整備。サービス業施設については，ログハウス風外観，地元材を使用した無垢のテーブル・椅子等，清潔さの追求，調理作業風景の可視化，清掃の徹底など）
⑦　ディスプレイ（VMD，スポットライト，空壁面をできるだけ無くすなど）
⑧　雰囲気（BGM，館内放送による旬の商品・再入荷商品・イベント等のお知らせ，サービス業用施設では食が進む雰囲気作り等）
⑨　共同システム（道の駅ネットワークとの連携によるレジ袋や必需品の一括共同購入，従業員の共同教育訓練など）
⑩　付帯施設のメンテナンス（国土交通省分：すなわち第1駐車場，24時間トイレ，案内情報提供施設のメンテナンス）
⑪　ポリティックス（道の駅は国や地元自治体等，行政機関がもろに関係する事業体であるだけに，各駅および「道の駅ネットワーク」等と一体となって，上記行政機関に積極的に働きかけ，道の駅の機能向上を図ることが必要。さらには国土交通省が27年度から，導入されることになった「全国モデル道の

駅」や「重点道の駅」，あるいは「重点道の駅候補」等に選ばれ，各種の支援制度を活用するよう，戦略的取り組みを実践することも大切である）

(3) 「製品差異化」における差異化の基準

マーケティング・ミックスの差異化においては，「製品差異化」が特に有効である場合が多い。

その理由は，製品が永年にわたって蓄積された「技術力・研究開発力」すなわちコア・コンピタンスによって裏打ちされているため，競合他社にとって，それを真似たり，超えたりすることは容易ではないからである。

製品における差異化の基準としては，第1章で紹介した図表1-2,「3層の製品概念」で解説済みであるので，本章では割愛する。

3 成長戦略

(1) 成長戦略とは

成長戦略とは第1章で解説したように，ビジネス組織が，その存続・発展を図るために，現在の事業ドメイン（現在提供している製品×現在のターゲット市場）から，次の一手としての新たな事業ドメインに進出することである。

ちなみに現在の事業ドメインで，市場シェアを高め，売上高を伸ばしてゆく活動は，実質上，「競争戦略」である。いかなる製品にもライフ・サイクルがあり，早晩，「衰退期」を迎えることになるので，現在の事業ドメインで盛況みているうちに，次なる事業ドメインに出てゆく戦略，すなわち「成長戦略」を展開しなければ，ビジネス組織の恒久的な維持・発展は望めない。

「道の駅」の運営会社は，業種的には「小売業」である。中小企業基本法によると，小売業における中小企業の基準は，資本金5,000万円以下，もしくは従業員数50人以下，となっている。かくて「道の駅」の運営会社のほとんど全てが中小企業である。

したがって「道の駅」の「成長戦略」を企画・実践する場合は，中小企業にとって有効な成長戦略モデルに則って展開されることが必要である。

実は第1章の図表1-3で提示した,筆者の考案によるアンゾフ・モデル改良型の「新成長戦略モデル」は,経営資源があまり潤沢でない中小企業にとって,有益な指針となるものであるので,「道の駅」も,このモデルを活用されることをお薦めするものである。

(2) 成長戦略のモデルと「道の駅型マーケティング戦略」における事例
1) 新成長戦略モデル

中小企業にとっては,第1章で解説したように,新製品の開発は極力,「延長製品」の分野にとどめるのが有効である。そのほうが,製品差異化とコスト競争力の両面で有利であるからである。また「道の駅型マーケティング戦略」の場合は,元来,地元の農水産物を基盤に据えた新しい製品の開発」を旨とするものであるため,いきおいそれは原材料が「既存製品」と同じであるため,「延長製品」となるものである。

しかしながら,延長製品の開発の方向には4通りあることを忘れてはならない。すなわち既存製品をベースに据え,①それと原材料が同一,②その生産技術が援用できる,③それを部品や材料とする完成品,④その生産過程でできる廃棄物や余剰物を原料にすることができる,の4通りである。その中の①は当然の事項であるので,上記の②,③,④の手法を活用した「延長製品」の開発ということになる。

また市場の開拓に関する方向付けには,①地理的開拓,②年齢階層的開拓,③異性的開拓,④異用途的開拓,の4通りがあることを念頭に入れておくべきである。

2) 成長戦略の例
A. 農水産品の直売事業しか実践していない場合の事例

九州・沖縄地域の「道の駅」を調査してみると,農水産品の直売事業しか実践していない「道の駅」がかなり多い。成長戦略の事例として,まず,そのような「道の駅」を対象とした成長戦略の事例を提示することにしよう。

なお事例の駅は大分県の山間部の町村に立地し,「既存ターゲット市場」は,

「福岡都市圏と地元の消費者」および「長距離ドライバー」であるとする。
① 市場浸透：前述の競争戦略をフルに展開し，既存市場からの入込み客の増大を図る。
さらにはターゲット都市にアンテナ・ショップを開設する。
② 準市場開拓：ホームページで当駅へのアクセス，取扱商品や特産品の特徴，旬の野菜や果物等に関する情報を流す。（ホームページを介して，既存・新規両市場の顧客層の確保が見込める）
③ 市場開拓：既存ターゲット市場内の，「業務用顧客」を開拓する（用途開拓）。例えば，学校給食用，大学・短大のキャフテリア用，病院食用，企業や役所等の食堂用など。さらにはレストランや料亭，飲食店，居酒屋等の開拓も考えられる。
④ 準製品開発：加工場を設けて，既存市場向けに，地元農産品や地元魚介類を素材とする惣菜，弁当，パン，お菓子等を開発する。
⑤ 準多角化：地元の農産品や地元の川や湖の魚介類を素材とするレストランの開業（できれば農家の主婦の手作りによる，バイキング方式の農家レストランが好ましい）。レストランにすると，メニュー次第で既存・新規両市場の顧客の利用が見込める。周辺に地域観光資源が存在す場合は，「道の駅」に隣接する形でホテル（レストラン・宴会場付等），宿泊施設を開業することも考えられる。
⑥ 市場開拓的多角化：農水産品の加工場，レストランやホテルの調理場等で出る食材の切れ端，残り物，残飯等をもとに，養豚用飼料を開発する。
⑦ 製品開発：多目的ホールを設け，「既存市場」内の得意先企業対象の従業員研修や，当地域への視察旅行者対象の説明会場などに使用し，空いている時間帯で，地元客を対象に，カルチャー・スクールや学習塾用に貸し出す。
⑧ 製品開発的多角化：温泉，つり橋，プール，スキー・スケート場など，新たな有料観光施設を整備する（これらの施設の利用客は既存のターゲット都市にとどまらず，市場は広域に及ぶ）。これを設けると，⑤の準多角化の項で提示したレストランや宿泊施設との相乗効果が発生する。

B．地域特産品「梅」を軸にした場合の事例

　新成長戦略モデルに則った成長戦略の事例として，今度は某地域における地域特産品の「梅」を基盤とする事例（仮定）を提示することにする。

　なお，当駅の立地条件と現在のターゲット市場は上記の事例Aの場合と同じとする。

① 市場浸透：前述の競争戦略をフルに展開し，既存市場でのシェア・アップを図る。

② 準市場開拓：ネット販売も含む通販の展開（遠距離の既存市場の顧客層と，関西，関東，東北など，新規市場の確保が見込める）

③ 市場開拓：大阪，東京，札幌などの大都市青果市場の開拓。左記のような新規大都市のデパート等を会場とする，イベント「梅祭り」を企画し，イベント会場の地元新聞社に観光宣伝隊を送り込む。

④ 準製品開発：既存市場向けに，「延長製品」としての，梅干，梅ジャム，梅入り眠気防止用キャンディ，のど飴，梅酒，梅リキュール。さらには梅干入りおにぎりや梅ジャム入りのサンドイッチ等の開発。有料イベント「観梅会」の開催（左記のおにぎりやサンドイッチ，梅酒付）。

⑤ 準多角化：梅を素材の1つとするメニューのレストランの開業（できれば農家の主婦の手作りによる，バイキング方式の農家レストランが好ましい）。剪定した梅の枝（つぼみ付き：延長製品）を直売所での，既存客の他，花屋や生け花教室，都市のホテルや料亭の華材向けに販売（既存市場の消費者と，業務用購買者という新規市場）がターゲット，すなわち既存・新規の両市場がターゲット市場である。

⑥ 市場開拓的多角化：梅酒や梅リキュールを，東京・大阪・京都等の有名レストランや，有名料亭のPB商品としてOEM方式で供給する。梅酒や梅リキュールの製造過程で出る梅の搾りかすに，野菜くず等を混ぜ，養豚用飼料を開発するなど，の手法で「新規市場」に「延長製品」の提供。

4 経営基盤の充実・強化

　繰り返しになるが,「道の駅」の運営会社はそのほとんどが,中小規模かつ促成組織であることが多い。そのため大半が,「経営基盤が軟弱である」という問題を抱えている。実はこれが軟弱である場合は,優れた「マーケティング戦略」の策定・実施は不可能である。

　仮にそれが策定されたとしても,戦略の特徴の1つ「5年以上の長期」にわたる展開は不可能である。所定の成果を出す前に挫折してしまうからである。経営基盤を充実・強化することは,有効な「道の駅型マーケティング戦略」を展開するための前提条件である。

　ここで同「運営会社」の経営基盤のあり方と,その充実・強化策について解説することにする。

1　立 地 条 件

　小売業が繁盛するかしないかの70％は立地条件にあるといわれる。「道の駅」の本質は小売業であるので,立地を慎重に選定しなければならない。ただしそれは,国道か主要県道のような幹線道路に隣接していること,という縛りがあることを念頭においておかなければならない。一般に小売業にとって好条件の立地条件は次のとおりである。

① 車の通行量が多く,切れ目なく走っているとおりであること
② 来店に際し交通事故などの危険性から開放されていること
③ 周辺や後背地の人口・世帯数が豊かで,できれば増加傾向にあること
④ 主たる顧客層にとってアクセスが容易であること
⑤ 観光施設,娯楽施設,公共施設など,人の集まるスポットに近いこと
⑥ 豊かな広さの駐車場が確保できること
⑦ 業容の拡大に応じて,駐車場を含む敷地の拡大が比較的容易であること

2　経営管理者

「道の駅」は先述のように、業種的には「小売業」である。したがって、「道の駅」の経営管理者（すなわち常勤の駅長や支配人等）には、まず、「小売経営のノウハウ」が備わっていることが必要である。その他、マネジメント力、人事労務、財務、そしてなにより「マーケティング戦略」の展開に関するノウハウも必要となる。現に「道の駅」の経営実態調査のデータによると、繁栄している「道の駅」の運営会社の経営管理者は、その前職が総合スーパーや百貨店の店長、部長、役員等であるところが多い。

その上で同経営管理者には、「道の駅」というものが、先述の経営理念の下に運営されるソーシャル・ビジネスの一種であることを、十分理解していることが必要である。

加えてその職位は、VMSのリーダー企業のトップであるので、リーダーシップが旺盛かつ、出荷者である農家・漁家、運営会社の中間管理者や派遣社員、パートタイマー等を含む従業員、市町村の首長や担当職員、国土交通省やその地方部局の「道の駅」関係者等と調和しながら、「道の駅」を運営してゆける、豊かな人格の人物であることが求められる。

さらに日常の業務を遂行する中で、自分の後任となる次期　経営管理者の育成を図っておくことを忘れてはならない。それは中間管理職に関しても同じである。

3　人　　材

運営会社の従業員は、正社員が少なく、大部分が派遣社員か、パート・アルバイトの女性である。正社員といっても中途採用組みがほとんどである。しかし彼らには、「道の駅」という崇高なソーシャル・ビジネスの経営理念をしっかり心に刻みこませるとともに、お客様に感動的満足を提供する従業員となるべく、十分な教育・訓練を実施すべきである。

「道の駅」の中にはその重要性に気づき、県単位の向上会議の前半で、「顧客

に感動的満足を与える手法と，それを実践できる従業員の育て方」というテーマで講師を招き，教育・訓練を積極的に実践しているところがある。

　さらに，公平な人事評価によって，パート・アルバイトにもボーナスを支給するようにするとよい。ある「道の駅」は，評価を4段階にし，正社員には年3回（夏，冬，決算時）合計6か月分，パートにも同様に年3回，最高評価で10万円，続いて8万円，5万円，3万円を支給している。

　このような手段によって，彼らのモラールを向上させ，パートも含め全従業員が職場と仕事に，誇りと生き甲斐を抱き，毎日，活き活きと働けるような組織風土になるよう心掛けるべきである。

4　組織体制

　直売事業に加えて，レストランや地域観光事業等，サービス事業を併業している場合は，事業部制組織が適している。農協や漁協が運営会社を引き受けている場合は，SBUを編成して運営するのが適しているであろう。

　いずれにしても運営会社の組織作りに際しては，下記の組織原則を参考にすべきである。

① 目的統一性の原則：組織内各部門の目標が全て特定の目標に統一されていること
② 命令（情報）統一の原則：命令は直属の上司1人から受け，結果もその上司に報告
③ 専門化の原則：職務の効率的遂行のため，組織内の業務は全て専門化されていること
④ 職務明確化の原則：組織図と各構成員の職務内容を記した職務明細書を用意すること
⑤ 責任・権限対応の原則：責任と権限はその範囲と質・量に関して均等であること
⑥ 職務権限委譲の原則：ルーティン業務は部下に委譲し，高度な判断業務を担当する

⑦ 監督の幅の原則：業務内容や能力にもよるが，部下の数は通常は5～6人が限度
⑧ 調整の原則：各部門，各構成員が全体的に有機的な共働関係が維持できるよう調整
⑨ 継続性の原則：企業組織として，永遠に継続されるよう仕組むことが必要
⑩ 弾力性の原則：経営環境の変化に対応できるよう，絶えず検討・革新を行うこと

　「道の駅」の場合はそれに加え，生産者（出荷者）と運営会社が別組織であるため，商品の品質管理に直接的に関与できない。そのためお客様から何らかのクレームや苦情があった場合，それを受け付けて，情報を速やかに運営責任者（常勤の駅長あるいは支配人等）に伝え，それを適切に処理する組織体制作りが重要である。

　お客様からの提案に対しても同様である。

5　財務基盤

　「道の駅」は，出荷者（農家・漁家）の所得と生き甲斐の向上を図るために，彼らの商品の売上高に対し，僅か15％しか販売手数料を課していない。そのため直売事業だけでは営業利益の段階でほとんどが赤字である。それをカバーするため，粗利益率の大きいレストラン事業や地域観光事業といったサービス業を併業しているのである。さらには自動販売機の設置，敷地の一部のテナント貸し当を行い，最終的に黒字化を実現しているのである。

　いずれにしても「道の駅」の諸施設は市町村がオーナーであるため，設備の修理や老朽化に対しては，市町村が対応することになっている。ただし市町村によって差異はあるが，例えば，1件50万円以上の修理や設備投資の場合は市町村が資金を出すという約束になっている場合が多い。しかしながら行政も財政難のところが多く，それが実行されないケースが少なくない。

　運営会社としては，利益剰余金をしっかり蓄積しておかなければならない。市町村への上納金，株主への配当，従業員へのボーナス，退職金の積み立て等

を行った後の「剰余金」であるから，経営管理者としてはソーシャル・マーケティングを理念に据えながら，マネジリアル・マーケティングの発想で，知恵を絞って利潤の確保を図らなければならない。

6　販売体制

「道の駅」の出荷者になるためには，「運営会社」に申請をし，登録手数料と年会費の支払い，売上振込み用口座の開設，および規則遵守の誓約書の提出等が義務付けられている。

出荷者は朝7時前後から商品の搬入手続きを始めることになっている。まず商品をバックヤードに持参し，バーコード印字機で価格など必要事項等をバーコード・シールに打ち込み，それを商品に添付し，直売所に陳列して引き上げる。直売所の営業時間中，売れ行き情報を日に2回～4回，携帯電話にEメールで連絡することになっている。出荷者は必要に応じて営業時間中に再度，商品の補充搬入を行う。

さらに出荷者は，夕方（道の駅や季節によって時間が異なる），「道の駅」に戻り，午前中に搬入した商品の売れ残り品を，前述の1：2：3のルールに則って搬出する。

遠い中山間地域に住み，しかも車の運転がおぼつかなくなった高齢出荷者に対しては，運営会社の従業員がそこまで集荷に行くといった体制作りも必要である。

なお販売施設に対しては，次の「小売店舗11原則」を守るべきである。
① 　需要満足：店舗施設が取扱商品や営業方針と統一されていること
② 　適所・適時性：立地も陳列場所も適切で，内・外装が季節や流行に合っていること
③ 　魅力性：店舗や売場は清潔で商品の魅力を引き立たせること
④ 　親密性・清潔性：対象顧客にとって親しみやすく，店舗施設であること
⑤ 　選択容易性：顧客が商品を手に取って連想し，比較購買が容易にできること

⑥　店内交通の自由性：入りやすく，自由に回遊できるよう，主通路と副通路のレイアウトを工夫すること
⑦　販売作業の効率性：作業動線は近くし，接客，代金授受，商品補充等の効率性を図る
⑧　安全性：地震，火災，盗難，陽光などの被害を食い止めることができること
⑨　経済性：設備投資は店のコンセプト，見込みキャッシュ・フローに見合うこと
⑩　柔軟性：外装はかなり堅固に，内装や販売什器は季節や流行に対して変更できること
⑪　利便性：来店を容易にさせる施設（駐車場，娯楽施設，サービス施設等）の設置

7　サービス事業体制

「道の駅」というソーシャル・ビジネスのミッションの1つは，農家・漁家の所得と生き甲斐の向上である。したがってその事業においては，彼らが生産する農水産物の「直売事業」が大黒柱的な位置を占める。道の駅の売上高は，第4章で実証的に指摘したようにレジ客数，すなわち「集客数」に敏感に反応するものである。

「直売事業」はそれだけでも大きな集客力を有する。しかしながらそこに飲食事業や，温泉事業のような「サービス事業」が併業されると，「道の駅」の集客力にシナジー効果が生じ，集客数はぐっと増す。結果として「直売事業」の売上高は向上する。

しかも飲食事業で使用される素材は，地域の農水産物やその加工品が使用されるので，飲食事業からも農家・漁家の収入が増すことになる。さらに，そのメニューが顧客の気に入った場合は，帰りに，素材として使用された農水産物およびその加工品が，お土産として購入される確率が高くなる。

それだけではない。飲食の後はデザートが欲しくなるので，「直売施設」で

販売されているお菓子類やソフトクリームなど、スイーツの売上高が増加する。しかも「サービス事業」は粗利益率が非常に高いというメリットがある。

「道の駅」の中には「直売事業」のみ実践して、「サービス事業」を運営してないところが少なくない。「サービス事業」には上記のメリットが内包されているので、その設置を検討されることをお薦めする。

8 生産体制

(1) 第1次産品の持続的生産体制

　道の駅型マーケティング戦略の事業体制に関して憂慮すべきことは、長期的にみて農家・漁家の高齢化により第1次産品の生産が先細りになるということである。現在のところは何とか「道の駅」が順調に運営されていても、早めに何らかの手を打たなければ、やがて深刻な事態に直面することは確実である。

　その対策として「道の駅」としては、第2章「戦略的6次産業の概念と特徴」の中の「マクロ的・構造的特徴」の項で指摘したように都市住民の帰農・移住希望者や、高齢化で農業や漁業への従事が困難な人々に対する受け皿としての支援体制を整備すべきである。またその一環として「道の駅」に設置が義務づけられている「情報提供施設」を活用し、特に都市住民の中で帰農や移住希望者に対する相談窓口の機能を持たせることが必要であろう。

(2) 加工品の生産体制

　直営の加工場やレストランを持ち、地元農家・漁家の主婦や家族を雇用して、農水産品を素材とする加工品例えば、弁当、惣菜、パン、菓子類、料理の生産を行うのである。

　素材の調達は農家・漁家からの直接購入はもちろん、道の駅の店内で販売している農水産品で、夕方、売れ残ったモノを運営会社が売価のままで買い取り、それを素材として当日、もしくは翌日、商品や料理に加工するのである。

　商品や料理は当然ながら、翌日、道の駅の店内やレストランで販売するものである。地域内や近隣市町村の幼稚園や小学校等と提携し、給食用に販売する

という方法もある。

　加工食品の生産に際しては，まず加工場が清潔で，不純物等が混入しないような体制をとっており，出来た商品の品質に信頼が置けるよう，細心の注意を払ったものでなければならない。できれば入り込み客にとって，工場（工房）見学ができるような生産体制となることが望ましい。そのことは1つの地域観光資源にもなるからである。さらにモノによっては，その地で育まれた伝統的な加工生産方式をとるのが有効である。そのことが製品差異化の手段になるからである。

9　情報システム

　「道の駅型マーケティング・システム」の展開に際して，POSシステムを中心とする情報システムの活用は不可欠なものである。1つは，出荷者が一駅平均200人超もいる状況（九州・沖縄地域）では，各出荷者が売り場に立って相対販売をするわけにはいかない。どうしてもセルフ・サービス方式でゆかざるを得ない。この場合POSは，レジ客の迅速処理に欠かせないだけでなく，2週間ごとに各出荷者に対して行う，販売代金の振込みを迅速かつ正確に実践するためには，POSが不可欠なのである。

　さらに顧客管理システムを併用することにより，ポイント制と絡めて強力な販売促進手段になる。加えて昨年同時期の売れ筋商品等を参考にすると，出荷者に対して重点品揃えの指示を出すこともできる。

10　技術力・研究開発力

　農家や漁家が自宅で農水産物の簡単な加工（1.5次加工）を行う場合には，永年の手作業を背景に優れた熟練技術が発揮されるであろう。それは地域文化として蓄積・継続されるべきである。それが製品差異化のもととなり，競争優位性の手段となるからである。

　ここで大切なことは，工場や工房で高度な加工品を生産する場合である。もし地元にそれに必要な技術が存在しない場合は，その技術を有する人材をU

第5章 「道の駅型マーケティング戦略」のあり方

ターンか，Ｉターンで地元に呼び寄せることが必要であろう。あるいは技術ライセンスを購入するという手もある。

いずれにせよ，製品の品質向上とコスト競争力向上のために，さらには新製品や延長製品の開発のために，研究開発力を磨き続けることが大切である。

技術力・研究開発力は，農家・漁家による第１次産品の生産の場にも求められる。千客万来の「道の駅」にするためには，彼らにもそれを高め，蓄積することが必要である。

11　道の駅の必須公共施設の高度活用とそのメンテナンス体制

「道の駅」には元来，ドライバーの安全・快適運転に役立つ質の高い「場」の提供という機能が課せられている。そのための具体的施設は，①24時間トイレ，②情報提供施設，③駐車場，④公衆電話である。そもそもこれらが整備されてない「道の駅」は，国土交通省から認可されないことになっている。ちなみに①〜③の整備は国土交通省が担当することになっている。

②の情報提供施設については元来，道路状況や地域のイベントに関する情報の提供がその任務である。しかしながら戦略的６次産業としての「道の駅」としては，既に指摘したように，都市住民等，他地域住民の中で帰農や移住を希望する人々に対し，適切で温かいアドバイスや情報を提供できる体制をその中に組み込むことが求められる。

④の公衆電話は，緊急時に携帯電話が使えない場合の安全弁として必要であり，地方自治体がNTTに依頼して整備するものである。

いずれにしても上記の公共施設は，整備された後は市町村がそのメンテナンスや管理を任されることになっており，各市町村は「道の駅」の運営会社にその作業を委託することになる。したがって運営会社としては予算を計上して，それが常時，快適に使用できるよう，適宜チェックしてそのメンテナンスを図らなければならない。

12 付帯施設（市町村担当分）とそのメンテナンス体制

　市町村が担当して整備することになっている付帯施設は、第2駐車場と第2トイレである。いずれも「直売事業」や「サービス業」の利用客に対応するものである。第2トイレは「直売施設」の中に設置され、夕方の閉店後は当然使用できない。閉店後に立ち寄ったドライバーは店舗外設置された公共施設としての24時間トイレを利用することになる。

　いずれにせよ、トイレは極力ウォシュレット付きで、しかも温座にすることが好ましい。そして、何よりも清潔さが要求されるので、運営会社としてはその厳密な対応を図らなければならない。

　駐車場は、入りやすく、駐車しやすく、出しやすいように工夫しなければならない。お客様の中には運転の未熟な方もおられるからである。その一環として、駐車スペースに引く線は二重方式にするのが好ましい。

　それだけではない。駐車場は通常、黒色のアスファルトを敷いているので、そのままでは殺風景であり、購買意欲が減退しやすい。そこで周囲に草花や木を植栽し、その手入れを几帳面に行って、自然な和やかさを醸成することが必要である。そうすることは消費の7割を握っているといわれる女性客にとって、「道の駅」の魅力の向上につながるのである。

　駐車場内の街路灯にもちょっとしたデザインの工夫が求められる。また屋内外の照明設備や冷蔵庫、エアコン等については、信頼のおける業者と相談のうえ、省エネ対策を講じることが必要である。「道の駅」は生鮮食品や冷蔵食品を扱うだけに、結構電力使用量が大きい業態である。マーケティングの精神の1つに「効率性の追求」がある。「道の駅」はソーシャル・ビジネスとして、低率の手数料で運営しているだけに、電力料金の節約は経常利益の黒字化にかなり貢献するのである。

13 関連する機関や住民との協力関係

　「道の駅」はこれまで解説してきたように、諸種の機関とのコラボレーショ

ンで設立・運営されるものである。またその運営会社は中小企業かつ促成組織であるため，その経営基盤が，設立後の数年間はもとより，その後も永年にわたって軟弱である場合が多い。そのためそれを支える体制が必要になってくるのである。

支援・協力関係が必要な機関としては，行政（国土交通省，県，市町村），農協・漁協，森林組合，観光協会，商工会議所・商工会，道の駅連絡会，道の駅ネットワーク（九州・沖縄の場合），地域やターゲット都市の住民や業務用顧客などである。

道の駅型マーケティング戦略と運営会社の4類型

「道の駅」の実態調査を行うと，その「運営会社」と「道の駅型マーケティング戦略」には，「通常のCSRおよび高度なCSRの遂行度合」，「ミッションの達成度合」，「営利の追求・蓄積の程度」との関連で，それぞれ「マル」，「グッド」，「エクセレント」，「アドマイアード」の4類型があることが分かる。以下に，その内容を解説することにしよう（図表5-2参照）。

1 「マル・道の駅型マーケティング戦略」と，マル・ソーシャル・カンパニー

これは事業活動の展開に当たり，「通常のCSR」の遂行が不十分であり，ましてや顧客と従業員に感動を提供することなどは全く行っていないタイプである。したがってマーケティング戦略の効果が薄くなり，集客力や売上高，および粗利益も十分に確保できない。その結果，ミッションの達成は不十分であり，将来に備えての当期利益の確保と蓄積の程度も不十分である（W1型）。

あるいは，中にはソーシャル・ビジネスの本分を省みず，ミッションの達成など眼もくれず，守銭奴的に営利の追求・蓄積にいそしむタイプ（W2型）のものがある。

このような道の駅の運営会社は，マル・ソーシャル・カンパニーの名称がふ

さわしい。したがっそれが展開するマーケティング戦略はマル・道の駅型マーケティング戦略ということになる。

このようなマル・タイプの運営会社は，次のＸ型へ移行する努力がみられない限り，5年毎に見直される指定管理の契約更新から外されても仕方がない。

図表5－2 「道の駅型マーケティング戦略」と「運営会社」の4類型

		ＣＳＲ の 遂 行			
		(利害関係集団を満足させること)：通常のCSR			
Ｗ１型		(とりわけ、従業員とお客様には感動的満足の提供)：高度なCSR			
		ミッション の 達 成			
Ｗ２型		1. ドライバーの安全・快適運転に役立つ質の高い場の提供 2. 農家・漁家の所得と生き甲斐の感動的向上を図り，農業・漁業と農山漁村地域の振興に貢献			
		Ｘ型	Ｙ型	Ｚ型	
					恒常的社会奉仕
		営 利 の 追 求・蓄 積			
	マル・道の駅型マーケティング戦略（マル・ソーシャル・カンパニー）	グッド・道の駅型マーケティング戦略（グッド・ソーシャル・カンパニー）	エクセレント・道の駅型マーケティング戦略（エクセレント・ソーシャル・カンパニー）	アドマイアード・道の駅型マーケティング戦略（アドマイアード・ソーシャル・カンパニー）	

（縦軸左：マーケティング戦略／縦軸右：社会活動）

★ 利害関係者：株主，債権者，顧客，従業員，地域住民，出荷者，国・地方公共団体
資料：筆者作成

九州・沖縄の道の駅の中には，このタイプの中の，Ｗ１型のものが少なくない。中には10年ほど前，筆者が九州全域の「道の駅」経営実態調査を行った際，上記の拝金主義的タイプ，すなわちＷ２型に遭遇したことがある。

2 「グッド・道の駅型マーケティング戦略」と，グッド・ソーシャル・カンパニー

これはCSRの遂行に関して，「通常のCSR」を遂行し，利害関係者を一応満足させてはいるが，まだ従業員と顧客に対して感動的満足を提供できていない，すなわち「高度なCSR」の遂行までは至っていない段階にある。しかしながら，

従業員と顧客に対して感動的満足を提供できるように取り組んでいるため，全社を挙げてのマーケティング戦略がある程度奏功し，ミッションの達成度合い，営利の追求・蓄積度合い共に，前の「マル型」よりはかなり改善されている段階にあるタイプを指す（図表のＸ型）。大部分の「道の駅」はこのタイプに属するようである。

3　「エクセレント・道の駅型マーケティング戦略」と，エクセレント・ソーシャル・カンパニー

これはCSRの遂行に関して，従業員と顧客に対して感動的満足を提供し，他の利害関係者に対しても一応満足させている，すなわち「高度なCSR」を完遂している段階である（図表のＹ型）。

この段階に達すると，勤務先と自分の仕事に誇りと生き甲斐を抱いた感動的従業員（本来の人財）たちが，トップのマーケティング戦略のもとで，顧客に感動的満足を与えるべく全社的取り組みを展開することになる。そのためマーケティング戦略の効果がフルに発揮されて「千客万来」の状態になるのである。

その結果，売上高と粗利益が十分確保され，ミッションの達成度合いと，営利の獲得・蓄積の度合いはいずれも全開状態になる。しかも営利よりも，，ミッションの達成を重視した事業活動を展開しており，まさにソーシャル・ビジネスのお手本のような型である。

九州・沖縄地域においても，このタイプの「道の駅」がいくつか存在する。

4　「アドマイアード・道の駅型マーケティング戦略」と，アドマイアード・ソーシャル・カンパニー

これは基本的に「エクセレント型」を維持したまま，本業以外の「社会奉仕」まで恒常的に実践するタイプであり，まさに賞賛されるべき（アドマイアードな）「道の駅」である（図表のＺ型）。

このタイプの「道の駅」は時折，マスコミから取材を受け，パブリシティ効果が発生することがある。本業以外の「社会奉仕」という人道主義的活動は，

143

一般大衆からの好意(グッド・ウィル)を醸成させる上に,このパブリシティ効果によってそれが増幅され,企業価値がより一層高まり,究極の「千客万来型」の「道の駅」となるであろう。

おわりに

　以上が,「戦略的6次産業」の一形態である「道の駅」の運営会社が展開すべきマーケティング戦略のあり方である。「道の駅」はドライバーの安全・快適な運転に貢献すること,および農家・漁家の所得と生き甲斐の向上を通じて農業・漁業の活性化を図り,農山漁村地域の振興に貢献すること,という2つの崇高なミッションの遂行を究極目的とするものである。そしてそのために必要な資金の確保を目的に,地域の農水産物やその加工品の販売活動(営利活動)を積極的に展開するというソーシャル・ビジネスである。

　その運営会社としては,事業体制の充実・強化を図りながら,「道の駅」に期待されているミッションの遂行を究極理念とするソーシャル・マーケティングを,本章に提示するマネジリアル・マーケティングの手法を織り込みながら,積極的かつ恒久的に展開してゆくことが求められる。

　そのためには,運営会社の経営陣は,まず本章で提示した「エクセレント・ソーシャル・カンパニー」になることを目指すべきであろう。すなわちCSRの遂行(すなわち利害関係者への満足の提供)を心掛けながら,利害関係者のなかでも,とりわけお客様と従業員に対して,感動を伴うような満足を与えるよう,精一杯の努力をするべきである。

　できればもう1つ上の段階の「アドマイアード・ソーシャル・カンパニー」を目指して,そのマーケティング戦略の質を高めてゆくことが求められる。

　したがって,「道の駅」の運営会社の運営責任者である駅長・支配人には,小売マーケティングに関する戦略的ノウハウと,マネジメント力に加え,国や地方自治体および「道の駅連絡会」や「道の駅ネットワーク」等,関連機関と良好な関係を構築するような外交能力が,十分備わっていなければならないといえよう。

結　び

　マーケティングとは通常，マネジリアル・マーケティングのことを指し，それは次のような概念を有するものである。

　「営利ビジネス組織（営利組織）が，CSRを果しながら営利追求を図ることを究極目的として，有形・無形の財を，売れて長期最大利潤が得られる条件作りをして売ること」である。

　換言すると，それは「千客万来」の実践科学なのである。

　加えてマーケティング戦略とは，上記のマーケティングの手法を長期的（5年以上かけて）・総合的に（関連する機関や部門を全て巻き込んで）展開するものである。

　近年，ソーシャル・マーケティングという新しい概念が提示されるようになった。これには諸種の定義付けがなされているが，本書はそれを次のように定義付ける。

　「ソーシャル・ビジネス組織（SBO）が，CSRを果しながら，ミッションの達成を究極目的とし，そのために必要な資金を確保するために，有形・無形の財を，売れて長期適正利潤が得られる条件作りをして売ること」である。

　ちなみにそのような事業形態を本書は「ソーシャル・ビジネス」と呼ぶ。

　したがって「ソーシャル・マーケティング戦略」とは，上記ソーシャル・マーケティングの手法を，長期的・総合的に展開するものである。

　ところで「戦略的6次産業」とは，いわゆる第6次産業を，ソーシャル・マーケティング戦略の見地から展開するものである。

　「道の駅」は上記「戦略的6次産業」の一形態である。それは，「①ドライ

バーの安全・快適な運転に貢献すること，および ②農家・漁家の所得と生き甲斐の向上を通じて，農山漁村地域の振興を図ること」，という崇高なミッションの遂行を究極の経営目的とし，そのために必要な資金を確保するために，地域の農水産物やその加工品の販売活動（営利活動）を企画・実践するという「ソーシャル・ビジネス」である。そのためそれはソーシャル・ビジネス組織（SBO）によって運営されるものである。

これまで「道の駅」は所期の機能を有効に発揮し，特にわが国のルーラル地域「農山漁村地域」の活性化に随分貢献してきた。そのことは現在その設置件数が全国で1,000を超え，その有用性に気づいた市町村が次々とその設置を進め，その設置件数が未だに増え続けていることによって裏付けられるであろう。今や「道の駅」は，わが国ルーラル地域における「社会インフラ」の1つとして，地域にしっかり根付いているといえよう。

行政は，この地方創生の切り札となる「道の駅」を活用して，新たな政策を打ち出している。

また「道の駅」の中には，ユニークで極めて意義ある事業展開を行っているところがある。たとえば本来なら過疎に陥る町に，町長の慧眼に満ちたマーケティング・ビジョンのもとで開設し，極めて大きな集客力と販売額を達成し，地域活性化のエンジンとなっているところである。さらには地域のミニ・ショッピング・センターになっているところとか，買物難民の救済に乗り出しているところなどである。

ここでそれらの一部をここに紹介し，本書を締めくくることにしよう。

防災拠点としての「道の駅」

「道の駅」には，思いもよらない新しい機能が備わっていることが判明している。それは2011年3月11日に発生した，東日本大震災と直後の巨大津波が起こった時のことである。道路網が寸断され，スーパーやコンビニエンス・ストアのサプライ・チェーンが麻痺し，当該地域住民に飲・食料品が欠乏するとい

結　び

う事態が襲った。

　その時，近隣の「道の駅」は，広い駐車場を有しているうえに，出荷者である農家の方々に食料品の備蓄があることから，地域住民の避難場所，および飲・食料品の提供場所，さらには自衛隊の救援活動拠点として，災害対策機能を発揮したのである。

　これに着目した政府や自治体が，各地の「道の駅」の中で条件に合うところを「防災拠点」に指定し，想定される災害対応を図る動きを展開している。

 「道の駅」を核とする地方創生

　国土交通省は現在，「道の駅」が「通過する道路利用者へのサービス提供の場」から，「地域の課題を解決する場」すなわち「第2ステージ」に成長してきたことを鑑みて，これからはその「地域拠点機能の強化」と，「ネットワーク化」を重視し，「道の駅」自体が目的地になるよう育ててゆくことを表明している。

　そのため，「道の駅」が「開かれたプラット・フォーム」であるという特徴を活かし，各省庁とも連携して，様々な施策を展開する予定である。

　その一環として，特に農山漁村地域の人口減少が深刻な状況になる中，世界最高水準の「豊かさ」と「安全・安心」の確保を目指し，ルーラル地域における複数の集落を対象として，「道の駅」には「特産品直売所」の充実化を図るとともに，「農家レストラン」や「コミュニティ・スペース」などの設置を推進する。

　さらにそのような「道の駅」を中心に据え，診療所，金融機関，ガソリンスタンド，周辺集落や市街地とつながる生活交通の拠点等の集積を図り，旧役場庁舎の公民館や図書館などへの利用，スーパー撤退後の施設の集落コンビニや農産物出荷拠点としての活用，廃校舎となった旧小学校の，保育所やデイサービス・センターあるいは体験宿泊施設などへの活用といった，集落機能の充実化（集落生活圏の形成促進）を通じて，「地方創生活動」を積極的に展開する

147

ことにしている。

　国土交通省はそのようにして充実化を図った集落生活圏を「小さな拠点」と呼び，その「小さな拠点」を核として，周辺の集落をコミュニティバス等で結び，圏域内ルーラル地域の活性化を図る意向である。ちなみに同省は，このような「小さな拠点」と，複数の集落がネットワークで結ばれた広域の生活圏を「ふるさと集落生活圏」と呼んでいる。

重点「道の駅」制度の創設

　さらに国土交通省は平成27年度に，地域活性化の拠点を形成する「道の駅」の取り組みを応援するため重点「道の駅」制度を創設し，優れた「道の駅」を関係機関と連携し，重点支援する取り組みを導入している。この制度における重点「道の駅」には次の3種類のものがある。

　1つは「全国モデル『道の駅』」（国土交通大臣選定）で，現在既に地域活性化の拠点として，特に優れた機能を継続的に発揮していると認められるもので，全国で6駅が選定されている。

　行政はこの6駅に対し，全国的なモデルとして成果を広く周知するとともに，更なる機能発揮のために重点支援を提供することになっている。

　2つめは文字通り，「重点『道の駅』」を選定し，応援するものである。これは地域活性化の拠点となる優れた企画があり，今後行政による重点支援によって効果的な取組みが期待できる「道の駅」である。全国で35駅選定されている。行政はこれらの駅に対し，その取り組みを広く周知するとともに，取り組みの実現に向けて，関係機関が連携し，重点支援を行うことになっている。

　3つめは，「重点『道の駅』候補」を選定し，応援するものである。これは地域活性化の拠点となる企画の具体化に向け，地域での意欲的な取組みが期待できる「道の駅」である。

　全国で49駅が選定されている。

行政はこれらの「道の駅」に対し，関係機関が連携し，企画検討等の面で支援することになっている。

ちなみに九州地方整備局管内では，2つめの「重点『道の駅』」として3駅，3つめの「重点『道の駅』候補」として4駅，の合計7駅が選定されている。内訳は次の通りである。

(1) 「重点『道の駅』」(国土交通大臣選定) 3駅
　① 福岡県うきは市　　　道の駅「うきは」
　② 佐賀県鹿島市　　　　道の駅「鹿島」
　③ 熊本県小国町　　　　道の駅「小国」

(2) 「重点『道の駅』候補」(九州地方整備局長選定) 4駅
　① 熊本県阿蘇市　　　　道の駅「阿蘇」
　② 熊本県和水町　　　　道の駅「きくすい」
　③ 宮崎県延岡市　　　　道の駅「北側はゆま」
　④ 鹿児島県奄美市　　　道の駅「奄美大島住用」

(一社)九州沖縄道の駅ネットワークは，上記の「重点『道の駅』」3駅に対し，「日本みち研究所」と連携し，ネットワーク11名の理事の中から3名(著者含む)をアドバイザーザーとして派遣することになり，著者はアドバイザーとして道の駅「うきは」を担当。

ユニークで興味深い「道の駅」

比較的新しい道の駅の中には，本書で紹介している「道の駅型マーケティング戦略」を地域特性に合わせて展開している道の駅が少なくない。新規に設置予定の「道の駅」はもちろん，既存の「道の駅」にとっても参考になると考えられるので，紙幅の関係もあり，福岡県の筑豊地域に，ほぼ同時期に設立された3駅を紹介することにする。

1　おおとう桜街道

　この「道の駅」は福岡県田川郡大任町に立地する。同地域は炭鉱跡地で過疎化に直面している，本来なら殺風景な地域である。同駅は県道52号線に面し，約20㎡先には観光スポット英彦山があり，その約10km手前に，人気道の駅「歓遊舎ひこさん」（売場面積425㎡　駐車台数134台，レジ客数40万人弱，売上高はp.90に示す図表4－1の中のBクラスに属する）が待ち構えている。

　そこで当駅は事業コンセプトを「オール年代のファミリーをターゲットにしたミニ・テーマパーク」とした。すなわち当駅を「地域の一大観光スポット」にしようという試みである。したがって同駅は農水産物直売所（売場面積618㎡），フード・コート（テナント方式），温泉（町内の泉源からパイプで当駅敷地に誘致），子供用の屋外電動遊具施設，という4大施設を設置した。加えてトイレは1億円かけた豪華版である。駐車場の収容力は500台（乗用車488台，大型用5台，身障者用7台）と並外れて大きい。出荷者数も972人とこれまた並外れた規模である。

　この「道の駅型マーケティング戦略」の仕掛け人は，地域の名士で慧眼の持ち主，永原譲二町長である。運営会社の責任者は梅林支配人で，総合スーパー「ダイエー」の店長出身である。

　当「道の駅」が面する道路には，役場の職員と町民のボランティアにより，桜ともみじと諸種の草花が植えられ，春と秋には見事な風景街道になるような仕掛けを用意している。クリスマスには，高さ18mのツリーを入り口付近に2基設け，それを正月には18mの角松に作り変えたり，夏には大々的な花火大会を開催するなど，ビッグ・イベントを，年間計画のもとで積極展開している。

　上記のような集客戦略が口コミとマスコミのパブリシティを誘発し，その結果として直売所の年間レジ客数と売上高は，福岡県内で指折りの上位にランク入りしている。これに温泉事業と子供用の屋外電動遊具施設の売上高を加えると，総売上高は8億数千万円（2013年度実績）にのぼる。

　当「道の駅」は「オール年代のファミリーをターゲットに・・・・」という

結　び

「コンセプト」に忠実に従い，最近，飼い犬を飼っている客層を新たなターゲットにし，「ドッグ・ラン」を隣接地に2015年の秋，オープンしている。そこには第2の温泉による，ワンちゃん専用の「入浴施設」に加え，高級小型犬を中心とするペット・ショップまで開設している。

2　道の駅「いとだ」と道の駅「香春」

(1)　道の駅「いとだ」

　同駅は同じく田川郡という炭鉱跡地の町に立地する。福岡市から行橋市に抜ける国道201号線・飯塚庄内田川バイパスの，烏尾トンネルを抜けたすぐ左側に立地している。当国道は事業用のトラックや商用車，マイカーが行き交う，交通の賑やかな道路である。同駅はそのコンセプトを「地元密着型」としている。運営責任者の真鍋駅長は，出荷者，顧客，そして従業員に優しい，心豊かな人物である。

　売場面積は333㎡，駐車台数116台（乗用車100台，大型14台，身障者用2台）小型の飲食施設付，総従業者12人（正規3人，パート9人），出荷者300人強と，福岡県ではやや小型の「道の駅」である。

　同町はスーパーが不足していることから，同駅は「地元密着型」というコンセプトを具現化するべく，ゴンドラを1つ設置し，ナショナル・ブランドのインスタント・ラーメンや缶詰などの加工食品専用にしている。これで食品についてはある程度，ワン・ストップ・ショッピングができるように工夫しているのである。

　以上の結果2013年度実績で，レジ客数は20万人台にのぼり，3億円の売上高を目指して，小型店ながらもよく健闘している。

(2)　道の駅「香春(かわら)」

　同駅も同じく田川郡という炭鉱跡地の町に設立されている。同駅は事業用のトラックや商用車，マイカーが行き交う，国道201号線に面しており，前述の「いとだ」から行橋方面に向って約10km先に設置されている。

151

同町もスーパーやコンビニが不足しているため，コンセプトを「香春らしい地産地消の地元密着型」とした。同駅の敷地にはもともとコンビニのFC店が立地しており，同駅はそれと並んで設立されている。かくて生鮮食品は「道の駅」で入手でき，NBの加工食品やドリンク類，そして日用雑貨は「コンビニ」で入手でき，小規模フード・コートも備えている。このことから，道の駅「香春」は地域のミニ・ショッピング・センターとなっている。

ちなみに，売り場面積は350㎡，駐車台数88台（乗用車73台，大型13台，身障者用2台），総従業者20人（正規3人，パート17人），出荷者300人強と，これも「いとだ」とほぼ同規模で，福岡県ではやや小型の「道の駅」である。

同駅の駅長は北九州市の百貨店の管理職出身である。道の駅の道路を挟んで正面の耕作放棄地を借り受け，近隣都市の市民や糸田町の住民を呼び込んで，菜種の栽培・観賞・刈り取りというイベントを毎年，積極的に展開している。

さらに町内の高齢者が買い物難民化してきていることを鑑み，その対策として商品の宅配事業を，補助金を取り付けて2014年度から試験的に実践し，翌年度から自前で展開している。これを各戸に配達するのは効率が悪いので，町内のいくつかの場所を受注・配達の拠点として実践しているのである。

実は高齢化は農家（農業生産者）においても同様で，集落から「道の駅」まで搬入に来るのが次第に億劫になっているのである。そこで同駅は配達先まで宅配に行ったついでに，そこで高齢農家の商品を集荷し，帰りの便で「道の駅」に搬入するというシステムを実施している。

将来的には移動販売を展開する予定である。

同駅は上記のような地域特性に見合った「道の駅型マーケティング戦略」を積極的に展開しているのである。

その結果2013年度実績で,レジ客数,売上高ともに前述の「いとだ」を超えており,しかもその数値は毎年徐々に増加傾向にある。

参考までに九州・沖縄地域において,農水産品の直売事業で年間5億円以上（2013年度実績）の売上高を達成している「道の駅」を紹介しておくことにしよう。

道の駅名	所在県	年間売上高（百万円）	レジ通過客数（万人）
A	福岡県	1,750	78
B	熊本県	1,399	72
C	沖縄県	1,191	68
D	熊本県	1,133	115
E	福岡県	864	49
F	福岡県	736	46
G	福岡県	715	51
H	福岡県	679	51
I	沖縄県	640	24
J	福岡県	634	42
K	福岡県	574	38
L	福岡県	573	38
M	熊本県	560	44
N	佐賀県	556	35
O	福岡県	551	42
P	熊本県	525	32
Q	福岡県	508	37

5 「道の駅」の新しい魅力と動き

「道の駅」の中には,クレーム常習者対策として,人相と手口も記載したクレイマー・リストや,有効な撃退法および,クレーム対処ノウハウを,「道の駅」間で共有するところも出ている。中には市町村のお抱え弁護士を後ろ盾にしているところもある。また24時間トイレのトイレット・ロールを器具ごと無理やり外して持ち帰るヤカラがいるため,外せない器具に取り替えるなど,

「道の駅」は性善説に立って運営しているだけに，裏ではいろいろ苦労しているのである。

一方「道の駅」の中には，行政や企業の支援を受けて，EV充電施設を設置したり，外国人への対応を図るために，WiFi施設を設置するところも出てきている。中には最近増えてきているキャンピング・カーの顧客に対し，その長期停泊のルール決めを検討している「道の駅」も出ている。活動的なシルバーが増えているうえに，県内移住促進のためキャンピング・カーを貸し出す県もあり，「道の駅」を停泊地として利用するキャンパーは今後ますます増えることが予想される。それだけに何らかのルール決めが必要であろう。

話は変わるが，瀬戸内海の島々を架橋して四国と中国地方を結ぶハイウェイが整備され，それに沿っていくつかの「道の駅」が設立されている。

その橋の1つは非常に長くて高く，その下を大型の船が行き交っている。そのためマイカーでその橋を渡ると，あたかもセスナでも操縦している気分になる。道の駅の中にはそのような感動とセットになったところも存在する。

さらに海辺の「道の駅」のなかには，七輪の炭火焼で，魚介類のバーベキューを楽しめ，小型の観光船で近隣の「渦潮ウォッチング」を体験できるところ，直売所で購入した魚を2階のレストランに持参し，それを中の板前さんに料理して頂いて食べるところ，あるいは月2回マグロの解体ショーを行うところなど，ワクワクするような「道の駅」もある。

ところで本書の第2章に掲げる図表2-1の中に，外販事業等の一環で一番下に「輸出」が提示されている。九州の「道の駅」でまさに「輸出」が進

結び

展しようとしている。周知のように，このような「道の駅」の盛況ぶりにより，それがブランドになりつつある。そのブランド力に着目して香港の富裕層をターゲットに九州の道の駅商品の販売戦略を企画しているスーパー（本社東京）がある。

　同社は香港と上海に高級スーパーを数店舗保有し，いずれも現地の富裕層を対象に高品質商品の販売を行っている。このたび同社は福岡支社の音頭で，「九州沖縄道の駅ネットワーク」とも連携して，九州道の駅の駅長が推薦する商品を同社の香港のスーパーで販売するプロジェクトを着々と進めている。近々福岡市内で同社の香港のバイヤーと道の駅側の代表達との商談会が開催予定で，そこで選定された商品のイベント販売が2006年の春，同社の香港スーパーで行われることになっているのである。

　さらに「九州沖縄道の駅ネットワーク」は，九州・沖縄地域に立地する「道の駅」のより一層の質の向上を図ることを目的に，次の２つのプロジェクトを実施している。

① 新任駅長に対する能力開発研修「駅長オリエンテーション」の開催。
② 「道の駅」従業員の中で，食と農に関する検定試験（３級）の資格取得を推進すべく，受験希望者に対して受験料補助やテキスト供与など各種支援の提供。

　　また，九州・沖縄の「道の駅」を訪れる，諸外国からのインバウンド客が増加してきており，2020年の東京オリンピックを契機に，その大幅増加が予想される。「同道の駅ネットワーク」はこれに対応するため，次の２点を実施することにしている。

① 音声で多言語に訳し，表示もできる「タブレット」の活用。
② 本書の巻末「著者紹介」に提示している⑧『英語で話す「道の駅」』を，九州・沖縄地域の各「道の駅」に対して，１冊ずつ寄贈（必要に

155

応じて研修も開催)。

　最後に，このような素晴らしい機能を発揮するわが国の「道の駅」が，所期の機能をよりよく発揮し，ドライバーの快適運転と，農山漁村地域の発展により一層貢献することを心からお祈りするものである。それに加え，「道の駅」の設立・運営に関わっている諸機関と，そこで働く運営責任者ならびに従業員の皆様にエールを送りたい。
　できればこの「道の駅」の概念と手法が，外国にも導入され，その国に無くてはならない社会インフラになることを期待するものである。

１億円トイレやペットショップ（おおとう桜街道）

参 考 文 献

相場宏二（1999）『MBA経営戦略』ダイヤモンド社。
青島矢一・加藤俊彦（2003）『競争戦略論』東洋経済新報社。
赤岡仁之（2008）「競争地位別戦略」原田　保・三浦俊彦編著『マーケティング戦略論―レビュー・体系・ケース―』芙蓉書房出版。
阿部真也（2006）『いま流通消費都市の時代』中央経済社。
阿部真也（2009）『流通情報革命』ミネルヴァ書房。
池尾恭一（2004）「消費者行動とマーケティング戦略」慶應義塾大学ビジネス・スクール編，嶋口充輝・和田充夫・池尾恭一・余田拓郎共著『マーケティング戦略』有斐閣。
石井淳蔵・奥村昭博・加護野忠男・野中郁次郎（1985）『経営戦略論』有斐閣。
井関利明（1996）「リレーションシップ・マーケティング」『日本経済新聞』（1996年11月16日，18日，19日，20日，21日，22日号）。
石原武政・池尾恭一・佐藤善信（2000）『商業学』有斐閣。
石原武政・矢作敏行編（2004）『日本の流通100年』有斐閣。
伊藤元重（2005）『新流通産業』NTT出版。
稲盛和夫（2014）『京セラフィロソフィ』サンマーク出版。
今村奈良臣（1987）「新たな価値を呼ぶ，農業の6次産業化―動き始めた農業の総合産業化戦略―」21世紀村づくり塾編『地域に活力を生む，農業の6次産業化』21世紀村づくり塾。
上田隆穂（1995）『価格決定のマーケティング』有斐閣。
後　房雄（2009）『NPOは公共サービスを担えるか』法律文化社。
渦原実男（2012）『小売マーケティングとイノベーション』同文舘出版。
梅沢昌太郎（1995）『新版　非営利・公共事業のマーケティング』白桃書房。
江尻　弘（1998）『データベース・マーケティング』中央経済社。
江尻　弘（1991）『マーケティング思想論』中央経済社。
NHK（2004）『ビジネス塾・町ぐるみ農地活用法』2004年9月24日放映。
小木紀親（2000）『マーケティング・ストラテジー』中央経済社。
片山又一郎（1996）『パートナーシップ・マーケティング』ビジネス社。
加藤　司（2006）『日本的流通システムの動態』千倉書房。
環境管理システム研究会編（2008）『中小企業の社会的責任経営』西日本新聞社。
菊池康也（2006）『SCMの理論と戦略』税務経理協会。
橘川武郎・連合総合生活開発研究所編（2005）『地域からの経済再生』有斐閣。

楠木　建（2012）『ストーリーとしての競争戦略』東洋経済新報社。
工藤恒夫（1997）『成長のマーケティング』東洋経済新報社。
工藤恒夫（1997）『強いマーケターをつくる12ヵ条』東洋経済新報社。
久保村隆祐（1975）『新訂マーケティング管理』千倉書房。
久保村隆祐・荒川祐吉編（1974）『商業学』有斐閣。
久保村隆祐・原田俊夫編（1979）『商業学を学ぶ』有斐閣。
黒田重雄（2007）『北海道をマーケティングする』北海道新聞社出版局。
グロービス経営大学院編著（2009）『MBAマーケティング　改訂3版』ダイヤモンド社。
慶応義塾大学ビジネス・スクール編，嶋口充輝・和田充夫・池尾恭一・余田拓郎著
　　（2004）『マーケティング戦略』有斐閣。
建設省道路局監修（財）道路保全技術センター編（1993）『道の駅の本』ぎょうせい。
郷田　實（1998）『結いの心』ビジネス社。
国土庁編（1998）『全国総合開発計画・21世紀の国土のグランドデザイン』大蔵省印刷局。
国立社会保障・人口問題研究所（2007）『日本の都道府県別将来推計人口（平成19年5月
　　推計）』。
斉藤　修（1996）「地域内発型アグリビジネスの展開条件と戦略」小野誠志編著『国際化
　　の時代における日本農業の展開方向』筑波書房。
坂本慶一・高山敏弘・祖田　修編著（1986）『地域産業複合体の展開』明文書房。
桜井秀勲（1991）『このサービスが売上げをグングン伸ばす』日本実業出版社。
嶋口充輝・石井淳蔵（1995）『現代マーケティング』有斐閣。
末永国紀（2011）『近江商人三方よし経営に学ぶ』ミネルヴァ書房。
鈴木安昭（1999）『新・流通と商業』有斐閣。
陶山計介（1993）『マーケティング戦略と需給統合』中央経済社。
陶山計介・高橋秀雄編著（2000）『マーケティング・チャネル』中央経済社。
高嶋克義（1994）『マーケティング・チャネル組織論』千倉書房。
竹中久仁雄編著（1995）『地域産業の振興と経済―農・工・商複合化政策―』筑波書房。
多田正行（1993）『顧客満足のテレマーケティング』日刊工業新聞社。
田畑真七（1985）『利益向上50の鉄則』日本能率協会。
田村正紀（1998）『マーケティングの知識』日本経済新聞社。
田村正紀（2001）『流通原理』千倉書房。
田村正紀（2008）『業態の盛衰』千倉書房。
（財）地域活性化センター監修（1996）『地域づくり読本』ぎょうせい。
知念　肇（2006）『新時代SCM論』白桃書房。
辻　雅男（2006）『農村再構築の課題と方向』農林統計協会。

参考文献

鶴見和子・川田　侃編著（1989）『内発的発展論』東京大学出版会。
長島幸夫（2000）『必ず売れる陳列—70の仕掛けとテクニック』すばる舎。
中田信哉，湯浅和夫，橋本雅隆，長嶺太郎（2003）『現代物流システム論』　有斐閣。
西日本新聞　2015年10月18日号。
日通総合研究所編（1991）『最新流通ハンドブック』白桃書房。
(社)日本ロジスティックスシステム協会監修（2009）『基本ロジスティックス用語辞典』白桃書房。
農山漁村文化協会編（1999）「自給ルネッサンス」『現代農業』5月増刊号，農山漁村文化協会。
農政ジャーナリストの会編（2000）『進展するIT革命と農業』農林統計協会。
農林水産省編『食料・農業・農村白書（2007年度）』農林統計協会。
農林水産省構造改善局　農政部構造改善事業課　監修（1997）『グリーン・ツーリズムのすすめ』大蔵省印刷局。
野中郁次郎編（2012）『経営は哲学なり』ナカニシヤ出版。
橋本卓爾・大西敏夫・辻　和良・藤田武弘編著（2005）『地域産業複合体の形成と展開』農林統計協会。
橋本久義（1998）『町工場の底力』PHP研究所。
長谷政弘編著（1998）『観光振興論』税務経理協会。
長谷山俊郎（1998）『農村マーケット化とは何か』農林統計協会。
パブリック・リソース・センター編（2009）『NPO実践マネジメント入門』東信堂。
平松守彦（1982）『一村一品のすすめ』ぎょうせい。
平松守彦（1990）『地方からの発想』岩波書店。
保母武彦（1996）『内発的発展論と日本の農山村』岩波書店。
マーケティング定義委員会（1990）『日本マーケティング協会資料』日本マーケティング協会。
松下幸之助（2001）『物の見方　考え方』実業の日本社。
三上富三郎（1982）『ソーシャル・マーケティング—21世紀に向けての新しいマーケティング—』同文舘。
宮澤永光・亀井昭宏　監修，岩本俊彦・恩蔵直人・小宮路雅博・嶋村和恵・武井　寿　編集（1998）『マーケティング辞典』同文舘出版。
宮本憲一（1989）『環境経済学』岩波書店。
村田　昭治　編著（1976）『ソーシャル・マーケティングの構図—企業と社会の交渉—』税務経理協会。
守友裕一（1991）『内発的発展の道』農山漁村文化協会。

矢作敏行（1996）『現代流通』有斐閣。
山崎　充（1987）『地域産業の見なおし』中央経済社。
山本昭二（1999）『サービス・クオリティ』千倉書房。
山本久義（1996）『実践マーケティング管理論』泉文堂。
山本久義（2002）『中堅・中小企業のマーケティング戦略』同文舘出版。
山本久義（2008a）「九州・沖縄地域における「道の駅」の経営実態とあり方―第3セクターの事業主体を中心に―」『九州経済学会年報』　第46集，2008年12月。
山本久義（2008b）『ルーラル・マーケティング戦略論』同文舘出版。
山本久義（2012）『商業経営論（第3版）』泉文堂。
山本久義（2013）『マーケティング論再考』泉文堂。
山本久義（2015）『英語で話す道の駅』ビジネス戦略研究所。
横田澄司（2000）『価値創造の企業と商品開発』泉文堂。
吉村　寿（1995）「製品の計画」久保村隆祐・出牛正芳・吉村　寿　著『マーケティング読本』東洋経済新報社。
和田充夫・恩蔵直人・三浦俊彦（2000）『マーケティング戦略』有斐閣。

〈外国文献〉

Aaker, D. A. (2001) *Developing Business Strategies,* John Wiley & Sons, Ltd.

Aaker, D. A., V. Kumar, G. S. Day (2004) *Marketing Research,* John Wiley & Sons, Ltd.

Aaker, D. A. (2005) *Strategic Market Management,* John Wiley & Sons, Ltd.

Ansoff, H. I. (1965) *Corporate Strategy,* McGrow-Hill.

Bartels, R. (1974) "The Identity Crisis in Marketing," *Journal of Marketing,* Vol. 38.

Bennett, P.D. editor (1995) *Dictionary of Marketing Terms,* second edition, American Marketing Association.

Berkowitz, E. N., R. A. Kenin, S. W. Hartley, W. Rudelius (2000) *Marketing,* Irwin/McGraw-ill

Boon, L.E. and D. L. Kurts (1977) *Foundations of Marketing,* The Dryden Press Hindale.

Borden, N. (1964) "The Concept of Marketing Mix," *Journal of Advertising Research,* Vol. 4. June.

Brennan, R., P. Baines, P. Garneau (2003) *Contemporary Strategic Marketing,* Palgrave Macmillan.

Chaston, I., T. Mangles (2002) *Small Business Marketing Management,* Palgrave Macmillan.

参考文献

Committee on Definitions, AMA (1980) *Marketing Definition: A Glossary of Marketing Terms*.

Drucker, P. F. (1964) *Practice of Management*, Charles E. Tuttle Company, Tokyo.

Howard, J. A. (1957) *Marketing Management:Analysis and Decision*, Richard D. Irwin, Inc.

Johnson, S. C. and C. Jones (1957) "How to Organize for New Products," *Harvard Business Review, May-June*.

Kollat, D. T., Blackwell R. B. and J. F. Robeson (1972) *Strategic Marketing,*, Holt Rinehart and Winston, Inc.,.

Kotler, P. (1986) *Principles of Marketing*, Prentice-Hall International.

Kotler, P., S. H .Ang, S. M. Leong (2003) *Marketing Management -An Asian Perspective-*, Pearson Prentice Hall.

Kotler, P. and S. J. Levy (1969) "Broadening the Concept of Marketing,"*Journal of Marketing*, Vol. 33.

Kumar, N. (2004) *Marketing as Strategy,*, Harvard Business School Press.

Lauterborn, R. (1990) "New Marketing Litany: 4P's Passe; C-Words Take Over," *Advertising Age*, October 1.

Lazer, W."The Distribution Mix-a system approach, " (1967) E. Kelley and W. Lazer, *Managerial Marketing: Perspectives and Viewpoints*, 3rd ed., Richard D. Irwin Inc.

Lazer, W. (1969) "Marketing Changing Social Relationship,"*Journal of Marketing*, Vol. 33.

McCarthy, E .J. (1964) *Basic Marketing: A Managerial Approach*, Richard D. Irwin.

Palmer, A. (1994) "Relationship Marketing: Back to Basics?" *Journal of Marketing Management*, 10.

Prahalad, C. K. and G. Hamel (1990) "The Core Competence of the Corporation," *Harvard Business Review*, Vol. 68.

Reddy, A.C. & D. P. Campbell (1994) *Marketing's Role in Economic Development*, Quorum Books.

Sharp, B. & J. Dawes (2001) What is Differentiation and How Does it Work? *Journal of Marketing Management*, 17.

Smith, W. R. (1956) Product Differentiation and Market Segmentation,, *The Journal of Marketing*, July,.

(翻訳文献)

Abell, D. F. (1980) *Defining The Business: The Starting Point of Strategic Planning*, 石井淳蔵訳(1984)『事業の定義』千倉書房。

Cohen, B. & M. Warwick (2006) *Values – Driven Business*, 斉藤 槙・赤羽 誠訳(2009)『ソーシャル・ビジネス入門』日経BP社。

Kotler, P. (1988) *Marketing Management: Millennium Edition*, Prentice-Hall, 恩蔵直人監修・月谷真紀訳(2001)『コトラーのマーケティング・マネジメント ミレニアム版』ピアソン エデュケーション。

Kotler, P., H. Kartajaya, I. Setiawa, *Marketing 3.0*, (2010) 恩蔵直人監訳, 藤井清美(2010)『コトラーのマーケティング3.0』朝日新聞出版。

Kotler, P., E.L.Roberto (1989) *Social Marketing: Strategies for Changing Public Behavior*, The Free Press, 井関利明監訳(1995)『ソーシャル・マーケティング ー行動変革のための戦略』ダイヤモンド社。

Lazer, W. and P. Labarbera, 川勝 久訳, [特別寄稿]「ソーシャル・マーケティング—その理論と実際—」村田 昭治 編著(1976)『ソーシャル・マーケティングの構図—企業と社会の交渉—』税務経理協会。

Lovelock, C. & L. Wright (1999) *Principles of Service Marketing and Management*, Prentice-Hall Inc., 小宮路雅博監訳, 高畑 泰・藤井大拙共訳(2002)『サービス・マーケティング原理』白桃書房。

Peppers, D., M. Rogers (1993) *The One to One Future*, Doubleday, 井関利明監訳(1995)『One to One マーケティング』ダイヤモンド社。。

Poirier, C. C., S .E. Reiter (1996) *Supply Chain Optimization: Building the Strongest Total Business Network*, Berrett - Koehler, 松浦春樹監訳, 山田勝也・尾西克治・平田智也共訳(2001)『サプライチェーンコラボレーション』中央経済社。

Porter, M. E. (1985) *Competitive Advantage*, The Free Press, 土岐 坤・中辻萬治・小野寺武夫共訳(1985)『競争優位の戦略』ダイヤモンド社。。

Samli, A. C. (1995) *International Consumer Behavior*, Quorum Press, 阿部真也・山本久義 共監訳 (2010)『国際的消費者行動論』九州大学出版会。

事　項　索　引

数字・アルファベット

①A型 ……………………………… 27
①B型 ……………………………… 27
②型 ………………………………… 27
③型 ………………………………… 27
④型 ………………………………… 27
ABC間における経営効率の相違 …… 98
CSR遂行の程度 …………………… 30
CSRの遂行 ……………… 27,30,142
D.P.Campbell ………………… 37,56
EV車による農水産物の運搬 ……… 49
EV充電施設 ……………………… 154
MICE ……………………………… 62
MIS（マーケティング情報システム） … 76
POSシステム ……………………… 76
POSレジ …………………………… 76
Reddy.A.C. …………………… 37,56
SBO ………………………………… 3
SBU ……………………………… 133
SWOT分析 …………………… 17,123
Vertical Marketing System ……… 44
VMSの積極展開による経済の
　地域内波及効果の推進 ………… 118
W1型 ……………………… 31,141
W2型 ……………………… 31,141
X型 ………………………… 31,143
Y型 ……………………………… 143
Z型 ……………………………… 143

あ

圧倒的競争力 ……………………… 18
圧倒的競争力の追及 ……………… 16
圧倒的競争力の発揮 …………… 122
アドマイアード・カンパニー …… 29
アドマイアード・ソーシャル・
　カンパニー …………………… 143
アドマイアード・マーケティング
　戦略 …………………………… 29
「アドマイアード・マーケティング戦略」
　とアドマイアード・カンパニー …… 29
アドマイアード・道の駅型マーケティ
　ング戦略 ……………………… 143
安全性 …………………………… 136
アンゾフ・モデル ………………… 20
アンテナ・ショップ ……………… 59
アンフェア・トレード …………… 28

い

飯島町営農センター ……………… 51
飯島町役場 ………………………… 37
意識改革 …………………………… 35
石村萬盛堂 ………………………… 24
移住 ………………………………… 49
異性的開拓 ………………… 21,128
一般社団法人九州沖縄道の駅
　ネットワーク …………………… 80
伊都菜彩 …………………………… 37
今村奈良臣 ………………………… 37
異用途的開拓 …………………… 128

163

う

渦潮ウォッチング ………………… 154
売上高 …………………………… 96, 105
売上高，レジ客数，客単価の関係
　………………………………… 106, 107
売場効率 ………………………………… 98
売場面積 ………………………………… 97
売れる商品作り ……………………… 100
売れる商品作りの秘訣 ……………… 101
運営会社に経営を委託 ……………… 73
「運営会社」の設立 ………………… 115

え

営農組合 ………………………………… 51
営利組織 ………………………………… 3
営利の追求・蓄積 …………… 27, 30, 142
営利の追求・蓄積の程度 …………… 141
営利ビジネス …………………………… 3
営利ビジネス組織 ……………………… 3
エクセレント・カンパニー …………… 29
エクセレント・ソーシャル・
　カンパニー ………………………… 143
「エクセレント・ソーシャル・マーケティ
　ング戦略」とエクセレント・
　ソーシャル・カンパニー …………… 32
エクセレント・マーケティング戦略 … 29
「エクセレント・マーケティング戦略」と
　エクセレント・カンパニー ………… 29
エクセレント・道の駅型マーケティング
　戦略 ………………………………… 143
エクセレント型 ……………………… 143
エンジン ………………………………… 45
延長製品 ………………………………… 21

延長製品の開発の方向 ……………… 128

お

おおとう桜街道 ………………… 37, 150
おおやま夢工房 ……………………… 37

か

会員販売 ………………………………… 60
買い物弱者 ……………………………… 58
価格政策 ………………… 6, 8, 101, 126
価格設定 ……………………………… 102
価格戦略 ………………………………… 18
革新的プロジェクト …………………… 46
拡大機能 ………………………………… 19
核的ビジネス組織体 …………………… 38
加工品の生産体制 …………………… 137
(株)エーデルワイン …………………… 37
(株)名田庄商会 ………………………… 37
川田侃 …………………………………… 37
簡易型SWOT分析 …………………… 124
観光開発 ………………………………… 62
感動 ……………………………………… 35
感動的おもてなしの事例 ……………… 66
感動的顧客志向 ……………… 4, 15, 122
感動的従業員 …………………………… 4
監督の幅の原則 ……………………… 134
管理的結合 ……………………………… 44
関連する機関や住民との協力関係 … 140

き

企業概要 ………………………………… 90
企業性 …………………………………… 19
企業の社会的責任(CSR) ………… 2, 26
企業力の調査 ………………………… 123

164

技術力・研究開発力 ……………… 138
既存・新規市場 …………………… 21
既存市場 …………………………… 20
既存製品 …………………………… 21
帰農 ………………………………… 49
帰農希望者に対する地域あげての
　支援体制 ………………………… 50
きのとや …………………………… 30
木の花ガルテン …………………… 37
起爆剤 ……………………………… 45
「客数」と「客単価」の売上高に与える
　影響度 …………………………… 106
客単価 ……………………………… 98
キャンピング・カー ……………… 154
九州沖縄道の駅ネットワーク ‥ 80,81,155
行政単位 …………………………… 46
行政による支援策の積極的活用 …… 121
競争志向 …………………………… 5
競争戦略 ………………………14,18,125
競争戦略の展開 …………………… 53
共通商品供給 ……………………… 81
共同システム ……………………… 8,126

く

草刈り機 …………………………… 23
グッド・カンパニー ……………… 28
グッド・ソーシャル・カンパニー
　………………………………… 32,142
グッド・ソーシャル・マーケティング
　戦略 ……………………………… 32
「グッド・ソーシャル・マーケティング
　戦略」とグッド・ソーシャル・カンパ
　ニー ……………………………… 31
グッド・マーケティング戦略 ……… 28

「グッド・マーケティング戦略」と
　グッド・カンパニー …………… 28
グッド・道の駅型マーケティング
　戦略 ……………………………… 142
グラノ24K ………………………… 37
グラミン銀行 ……………………… 3
グリーン・ツーリズム …………… 40
車の販売員A君 …………………… 66
クレイマー・リスト ……………… 153
クレーム対処ノウハウ …………… 153

け

経営管理者 ………………………… 132
経営基盤 …………………………… 10
経営基盤7項目 …………………… 13
経営基盤の充実・強化 ……… 13,14,131
経営効率 …………………………… 90
経営効率の比較 …………………… 96
経営方針 …………………………15,118
経営理念 …………………………14,117
経営理念と経営方針 ……………… 14
経済産業省・九州経済産業局 …… 62
経済性 ……………………………… 136
継続性の原則 ……………………… 134
契約的結合 ………………………… 44
欠品対策 …………………………… 100

こ

耕作放棄地 ………………………… 49
耕作放棄地の整備 ………………… 48
高速道路の料金割引制度 ………… 97
公的支援策 ………………………… 61
高度なCSR ……………… 26,27,142,143
小売業のマーケティング・ミックス … 53

165

効率性の追求 …………………… 16,122
小売店舗11原則 ………………… 135
小売マーケティング・ミックス ……… 7
高齢・過疎地 ……………………… 56
ゴーイグ・コンサーン …………… 22
国土交通省・九州運輸局 ………… 61
国土交通省・九州地方整備局 …… 61
国土交通省と地方自治体の協力の下で
　設立 ……………………………… 72
コミュニティ型 …………………… 47

さ

サービス業のマーケティング・
　ミックス ……………………… 9,53
サービス事業 ……………………… 41
サービス事業体制 ……………… 136
在庫メール ………………………… 99
斎藤修 ……………………………… 37
財務基盤 ………………………… 134
財務の健全性 ……………………… 90
サエラ ……………………………… 25
坂本慶一 …………………………… 37
サステイテイナビリティ ………… 47
サポート・ショップ制 …………… 60
猿払村漁協 ………………………… 37

し

支援体制 …………………………… 49
事業規模 …………………………… 90
事業規模と売上高の関係 ………… 96
事業規模と売上高の関係に関する
　ABC比較 ……………………… 96
事業スタンス ……………………… 78
事業成果に関するABC比較 …… 105

事業ドメイン ……………………… 22
市場開拓 ………………… 23,129,130
市場開拓的多角化 ……… 24,129,130
市場環境の調査 ………………… 124
市場細分化戦略 …………………… 18
市場浸透 ………………… 23,129,130
市場性 ……………………………… 19
市場の開拓に関する方向付け … 128
市場分野 …………………………… 20
自然環境の保全 …………………… 47
自治体主導型 ……………………… 42
自治体へ返納 …………………… 108
市町村単位 ………………………… 46
市町村と「道の駅」間における
　連携組織 ………………………… 79
実行計画 …………………………… 12
実施，チェック，フィード・バック … 12
実質経営者が百貨店やスーパーの
　管理職であった割合 …………… 99
実質経営者の小売ノウハウ ……… 99
実質的経営管理者 …………… 73,99
実体機能 …………………………… 19
質的要因 …………………………… 98
指定管理者制度 ………………… 108
指定管理制度に対する駅長・
　支配人等の考え ……………… 109
品揃え ………………………… 7,100
支配人 ……………………………… 73
資本金 ……………………………… 97
資本的結合 ………………………… 44
地元産取扱比率 …………………… 99
地元産の産物に対する取扱比率 … 100
地元住民の優先採用 ……………… 63

地元と特定大都市をターゲット市場に
　　設定し関係性マーケティングの展開
　　　………………………………… 120
社会活動 ……………………… 27,30
社会性 ……………………………… 19
上海 ……………………………… 155
収益性 ……………………………… 90
従業員規模 ………………………… 97
従業員研修 ………………………… 35
従業員の質の向上策 ……………… 91
従業員のダイバーシティ化 ……… 63
重点「道の駅」制度の創設 ……… 148
重点集中主義 ……………… 16,122
柔軟性 …………………………… 136
酒仙の杜 …………………………… 37
出荷会員数 ………………………… 97
需要満足 ………………………… 135
準市場開拓 ……………… 23,129,130
準製品開発 ……………… 24,129,130
準多角化 ………………… 24,129,130
常勤の「駅長」または「支配人」………… 99
情報・調査・経営支援 …………… 82
情報システム ………………… 8,138
情報相談窓口 ……………………… 51
消耗品供給 ………………………… 81
賞与 ……………………………… 108
剰余金関連 ……………………… 108
剰余金の使途と蓄積状況 ……… 108
職務権限委譲の原則 …………… 133
職務明確化の原則 ……………… 133
食料自給率 ………………………… 86
新規市場 …………………………… 21
新規製品 …………………………… 22
人財 ………………………………… 35

人材 ……………………………… 132
新商品開発 ……………………… 101
新成長戦略のベクトル …………… 20
新成長戦略モデル ……………… 128
人的効率 …………………………… 98
新日本製鉄 ………………………… 26
親密制・清潔性 ………………… 135
信頼される商品作り ……………… 57
森林整備と林業の推進 …………… 48

す

垂直的マーケティング・システム（VMS）
　　…………………………… 38,44
優れた「道の駅」の収益構造 …… 90
スペース・ワールド ……………… 26

せ

生産体制 ………………………… 137
製造業・小売業・サービス業の
　　マーケティング戦略 ………… 52
製造業のマーケティング・ミックス … 53
成長戦略 ………………… 14,20,127
成長戦略の積極展開 …………… 123
成長戦略の展開 ………………… 54
成長戦略のモデルと「道の駅型マーケ
　　ティング戦略」における事例 ……… 128
成長戦略の例 …………………… 128
成長戦略モデル …………………… 20
製品開発 ……………………… 25,129
製品開発的多角化 …………… 25,129
製品差異化戦略 …………………… 18
「製品差異化」における差異化の基準 ‥ 127
製品政策 ……………………… 5,126
製品分野 …………………………… 21

責任・権限対応の原則 ………………… 133
セスナ ……………………………………… 154
世代的開拓 ………………………………… 21
設置軒数 …………………………………… 75
設備機能の高度化支援 …………………… 82
設備投資 …………………………………… 108
設立後は地方自治体が引き受け ………… 73
千客万来 …………………………………… 35
千客万来の実践科学 ……………………… 35
潜在的・顕在的観光商品 ………………… 43
選択容易性 ………………………………… 135
全般管理 …………………………………… 13
専門化の原則 ……………………………… 133
戦略的6次産業 …………………………… 37
戦略的6次産業型マーケティング・
　ミックス ………………………………… 53
戦略的6次産業の一形態 ………………… 71
戦略的6次産業の概念 …………………… 38
戦略的6次産業の概要 …………………… 38
戦略的6次産業のマクロ的・
　構造的特徴 ……………………………… 40
戦略的6次産業のミクロ的特徴 ………… 52
戦略的6次産業のリーダー企業 ………… 41
戦略ビジョン ……………………………… 12
戦略ビジョンの設定 ……………………… 123

そ

相乗効果 …………………………………… 21
ソーシャル・ビジネス …………………… 3
ソーシャル・ビジネス組織(SBO) ……… 3
ソーシャル・マーケティング …………… 3
ソーシャル・マーケティング戦略とソー
　シャル・カンパニーの4類型 ………… 30

ソーシャル・マーケティング戦略と
　マネジリアル・マーケティングの
　同時展開 ………………………………… 120
組織体制 …………………………………… 133
祖田修 ……………………………………… 37

た

ターゲット都市設定 ……………………… 99
ターゲット都市の設定 …………………… 56
第1次産品の持続的生産体制 …………… 137
第3セクターの株式会社 ………………… 42
大学教授Y ………………………………… 66
太陽光 ……………………………………… 49
多角化 ……………………………………… 26
高山敏弘 …………………………………… 37
宅配・移動販売事業 ……………………… 58
竹中久仁雄 ………………………………… 37
他のプロモーション活動 ………………… 8
多様なチャネル政策 ……………………… 59
弾力性の原則 ……………………………… 134

ち

地域観光事業 ……………………………… 43
地域経済の高揚 …………………………… 84
地域経済複合化 …………………………… 37
地域産業複合体 …………………………… 37
地域特産品「梅」を軸にした場合の
　事例 ……………………………………… 130
地域特産品の「道の駅」間での
　相互交流 ………………………………… 78
地域特性に見合った事業を
　地域ぐるみで展開 ……………………… 121
地域内産業資源のフル活用と
　環境保全 ………………………………… 119

索　　引

ち

筑水キャニコム	23
チャネル政策	103
チャネル戦略	18
茶の道の駅	81
中核機能	19
駐車収容台数	97
駐車場	125
調整の原則	134
直売事業	41
直売事業とサービス事業の同時展開	75,119
地理的開拓	21,128

つ

通常のCSR	26,27,141,142
通常のCSRおよび高度なCSRの遂行度合	141
通常のマーケティング・ミックス（製造業対象）	5
通信販売	61
鶴見和子	37

て

定住	49
ディスプレイ	126
適所・適時性	135
店内交通の自由性	136
店舗・サービス業施設	126
店舗施設	8

と

当期利益	105
統合的マクロ・行動学的モデル	37
都市住民に対する帰農の魅力付け	49

な

内発型	44
内発型アグリビジネス	37
内発的発展論	37
内部留保	108
長崎船舶装備	24
長野県飯島町	51
生ゴミ処理	48
生の声を商品に反映	101

に

担い手承継	49
担い手承継の推進	50
担い手不足	49

ね

| 年齢階層的開拓 | 128 |

の

農家・漁家の活気	105
農家・漁家の活力の高揚	85
農家・漁家の最大販売額	105
農家・漁家の所得の大幅向上	83
農家・漁家の平均販売額	105
農協・漁協主導型	42
農業の6次産業化	37
農山漁村地域	38
農山漁村地域の活性化	41
農水産品の直売事業しか実践していない場合の事例	128
農村マーケット化	37
農地の町ぐるみ賃貸制度	51
農山漁村地域における賑いの創出	85

169

能力開発 ……………………………… 35
農林水産省・九州農政局 ……………… 62

は

ハーシュマン …………………………… 45
バイオマス ……………………………… 49
バイタル・スモール ……………… 1, 4, 22
配当 …………………………………… 108
橋本卓爾 ………………………………… 37
長谷山俊郎 ……………………………… 37
発展志向 ………………………………… 5
バリュー・チェーン …………………… 38
バリュー・チェーン(VC) …………… 44
バングラデシュ ………………………… 3
販売員 …………………………………… 8
販売管理費内訳 ………………………… 90
販売作業の効率性 …………………… 136
販売体制 ……………………………… 135

ひ

ピープル(人材) ………………………… 9
ビジネス組織 …………………………… 2
品質管理 ……………………………… 101

ふ

フイジカル・エビデンス
 (動的環境要素) ……………………… 9
不均整成長論 …………………………… 45
ふくや …………………………………… 30
富士甚醤油 ……………………………… 24
付随サービス …………………………… 8
付帯施設(市町村担当分) …………… 140
付帯施設のメンテナンス …………… 126
物産交流支援 …………………………… 81

物流戦略 ………………………………… 18
ブライシング …………………………… 9
ブランド企業 …………………………… 35
プレイス ………………………………… 9
プレイス(流通)政策 …………………… 7
プロセス ………………………………… 9
プロダクト ……………………………… 9
プロモーション ……………… 9, 102, 126
プロモーション支援 …………………… 81
プロモーション政策 …………………… 6
プロモーション戦略 …………………… 18
雰囲気 …………………………… 8, 126

へ

ベストアメニティ(株) ………………… 37

ほ

ポイント・カード制 ………………… 102
防災拠点としての「道の駅」 ………… 146
ホームページ ………………………… 102
補強すべきマーケティング戦略 …… 103
保母武彦 ………………………………… 37
ポリティックス ……………………… 126
香港 …………………………………… 155

ま

マーケティング・ミックス …………… 5
マーケティング・リサーチ ……… 17, 123
マーケティング戦略 ………………… 10
マーケティング戦略と営利組織の
 4類型 ………………………………… 26
マーケティング戦略とビジネス組織の
 類型化 ………………………………… 26
マーケティング戦略の概念 …………… 9

索　引

マーケティング戦略の体系 …………… 10	「道の駅」運営会社の企業形態 ………… 94
マーケティングの特徴 …………………… 2	「道の駅」が地域経済にもたらす
マーケティングの本質 …………………… 1	ベネフィット ………………………… 82
マグロの解体ショー …………………… 154	「道の駅」の新しい魅力と働き ………… 153
マネジメント力 ………………………… 99	「道の駅」の意義と機能 ………………… 69
マネジリアル・マーケティング ………… 3	「道の駅」の概念と設立・運営に関する
マル・カンパニー ……………………… 28	特徴 …………………………………… 69
マル・ソーシャル・カンパニー …… 31,141	「道の駅」の経営実態と繁栄の秘訣 …… 93
マル・ソーシャル・マーケティング	「道の駅」の経営に関する特徴 ………… 75
戦略 …………………………………… 31	「道の駅」の設立と構造に関する特性 … 71
「マル・ソーシャル・マーケティング	「道の駅」むなかた …………………… 37
戦略」とマル・ソーシャル・カンパ	「道の駅」メロンドーム ……………… 37
ニー …………………………………… 31	「道の駅」を核とする地方創生 ………… 147
マル・マーケティング戦略 …………… 28	「道の駅型マーケティング・ミックス」の
「マル・マーケティング戦略」と	構成要素 ……………………………… 125
マル・カンパニー …………………… 27	「道の駅型マーケティング戦略」の
マル・道の駅型マーケティング戦略 ‥ 141	具体的展開手法 ……………………… 114
	「道の駅型マーケティング戦略」の
み	展開手法（典型例） …………………… 116
道の駅「いとだ」 ………………………… 151	「道の駅型マーケティング戦略」の
道の駅「香春」 …………………………… 151	展開の概要 …………………………… 114
道の駅・出荷会員年間平均販売額 …… 83	「道の駅」許田 …………………………… 37
道の駅型マーケティング・ミックス … 125	ミッション ……………………………… 3
道の駅型マーケティング戦略 ………… 113	ミッション達成への努力 ……………… 30
道の駅型マーケティング戦略と	ミッションの達成 ……………………… 30,142
運営会社の4類型 …………………… 141	ミッションの達成度合 ………………… 141
道の駅向上会議 ………………………… 79	ミニ・CVS ……………………………… 47
道の駅ネットワーク ………… 81,82,156	ミニ・ショッピング・センター ……… 152
道の駅ネットワーク	ミニ・ショッピング・センター化 ‥ 46,47
（九州・沖縄の場合） ………………… 141	ミニ・ドラッグ・ストア ……………… 47
道の駅の設立における国交省と	宮本憲一 ………………………………… 37
地方自治体の担当部分 ……………… 72	魅力制 …………………………………… 135
道の駅の必須公共施設の高度活用 …… 139	民間企業主導型 ………………………… 42
道の駅連絡会 …………………………… 79	

171

め

命令(情報)統一性の原則 ……………… 133
メンテナンス体制 ……………… 139,140

も

目的統一性の原則 ……………… 133

や

家賃収入 ……………… 41

ゆ

有機的関連性 ……………… 21
輸出 ……………… 154
ユニークで興味深い「道の駅」……… 149

よ

用途的開拓 ……………… 21
良く売れる仕掛け ……………… 100
よく売れる仕掛けのキーワード ……… 99
4者に感動的満足の提供・重点集中
　主義・効率性の追求 ……………… 121
4者に対する感動的満足の提供 ……… 121

り

リーダー企業 ……………… 38
利益の額 ……………… 87
利益の配分 ……………… 90
利害関係集団 ……………… 2
利潤志向 ……………… 4
立地 ……………… 8
立地条件 ……………… 125,131
利便性 ……………… 136
量的要因 ……………… 98
リレーションシップ・マーケティング
　……………… 58

る

累積内部留保 ……………… 108
ルーラル地域 ……………… 38,43

れ

レイナ ……………… 25
レジ通過客数 ……………… 105

ろ

ロイヤル・チエ ……………… 25

わ

若者の農業・漁業への就業 …………… 49
ワン・ストップ・ショッピング ……… 151

著者紹介

氏　名：山本　久義（1944年３月生まれ）

　著者は大学卒業後，銀行に就職。２年後 カリフォルニア州立大学ロサンゼルス校の大学院に２年間留学して経営学修士号を取得。帰国後，大学のマーケティング論の専任講師に。その勢いで英検１級も取得。やがて助教授を経て，38歳で教授に昇格。その後，中小企業診断士と博士号を取得し，大学および大学院の教授兼，経営コンサルタントとして，教育・研究だけでなく，各種企業の非常勤取締役や，非常勤理事，福岡県内諸地域の地域振興戦略の委員長を務めるなど，企業や地域の発展にも貢献してきた。

　現在，日本商業施設学会　九州・沖縄部会長や，九州経済学会の理事として，後進の指導に当たっている。加えて，これまで培ってきたマーケティング戦略の実践理論と，中小企業診断士としての専門分野の知識と経験，さらに英検１級の資格を活かし，中小企業の販路開拓，製品開発，ブランディング，従業員育成，海外進出等に関する支援と，「道の駅」を中心とする地域振興戦略等に従事している。さらに英語を使用言語とする国際学会，Pan Pacific Business Conferenceに所属し，アメリカ，南米，オーストラリア，東南アジア等，環太平洋諸国の大学での研究発表等でも活躍中。

学　　位：博　士（経営情報学：地域マーケティング戦略論）
実務資格：①　中小企業診断士　　　②　英検１級
現　　職：
- ビジネス戦略研究所　所長
- 一般社団法人　九州沖縄道の駅ネットワーク　理事
- 一般財団法人　福岡コンベンション・センター（福岡マリンメッセ，
　　　　　　　福岡国際センター，福岡国際会議場の運営機関）　評議員

主要著書：
① 『中堅・中小企業のマーケティング戦略』同文館（2002）
② 『マーケティング論100の常識』白桃書房（2003）
③ 『ルーラル・マーケティング論』同文館（2003）：
　　　　　　　　　　　　　　　（日本商業施設学会より　学会賞受賞）
④ 『商業経営論』泉文堂（2007）：（日本商業施設学会より　学会賞受賞）
⑤ 『ルーラル・マーケティング戦略論』同文館（2008）：
　　　　　　　　　　　　　　　（日本流通学会より　学会賞受賞）
⑥ 『現代マーケティング論』泉文堂（2011）
⑦ 『マーケティング論再考』泉文堂（2013）
⑧ 『英語で話す「道の駅」』ビジネス戦略研究所（2015）新刊
　　　　　　　　　　　　その他，共著，編著，翻訳，辞典など多数

社会活動（調査・研究，講演，研修，指導）における好評テーマ：
- 「感動的おもてなしの手法」　　・「お客様を感動させる従業員の育て方」
- 「営業力強化の秘訣」　　　　　・「農山漁村地域の産業活性化戦略」
- 「中小企業におけるマーケティング戦略の展開手法」

戦略的6次産業と「道の駅」	
平成27年12月15日　初版第1刷発行	
著　者	山本　久義
発行者	大坪　克行
発行所	株式会社　泉文堂
	〒161-0033　東京都新宿区下落合1－2－16
	電話　03(3951)9610　ＦＡＸ　03(3951)6830
印刷所	税経印刷株式会社
製本所	株式会社　三森製本所

©Hisayosi Yamamoto　2015　Printed in Japan　　　　　（検印省略）

本書の無断複写は著作権法上での例外を除き禁じられています。複写される場合は，そのつど事前に，（社)出版者著作権管理機構（電話 03-3513-6969, FAX 03-3513-6979, e-mail : info@jcopy.or.jp）の許諾を得てください。

JCOPY　＜(社)出版者著作権管理機構　委託出版物＞

ISBN978－4－7930－0392－9　C3034